ZenArt Editions

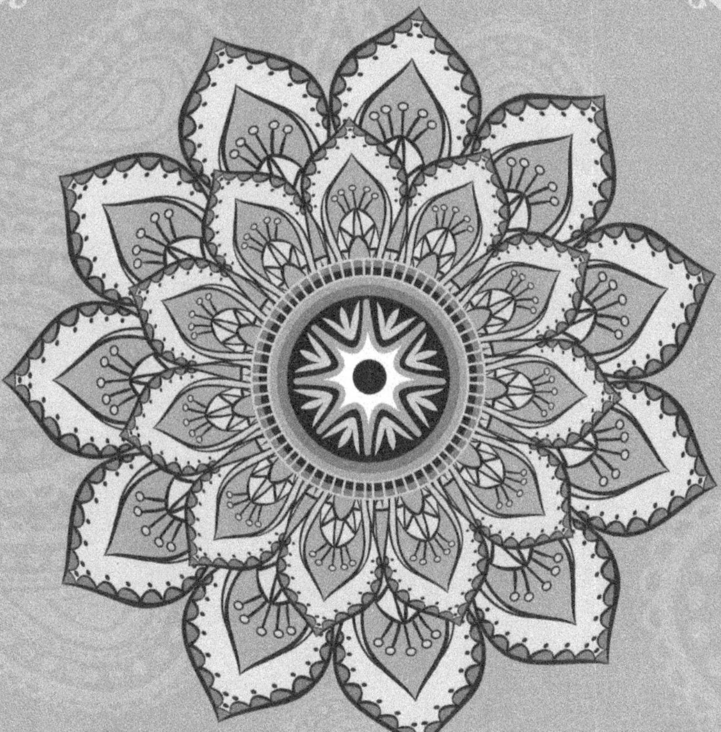

75 incredibili mandala da colorare

Il libro definitivo di arteterapia

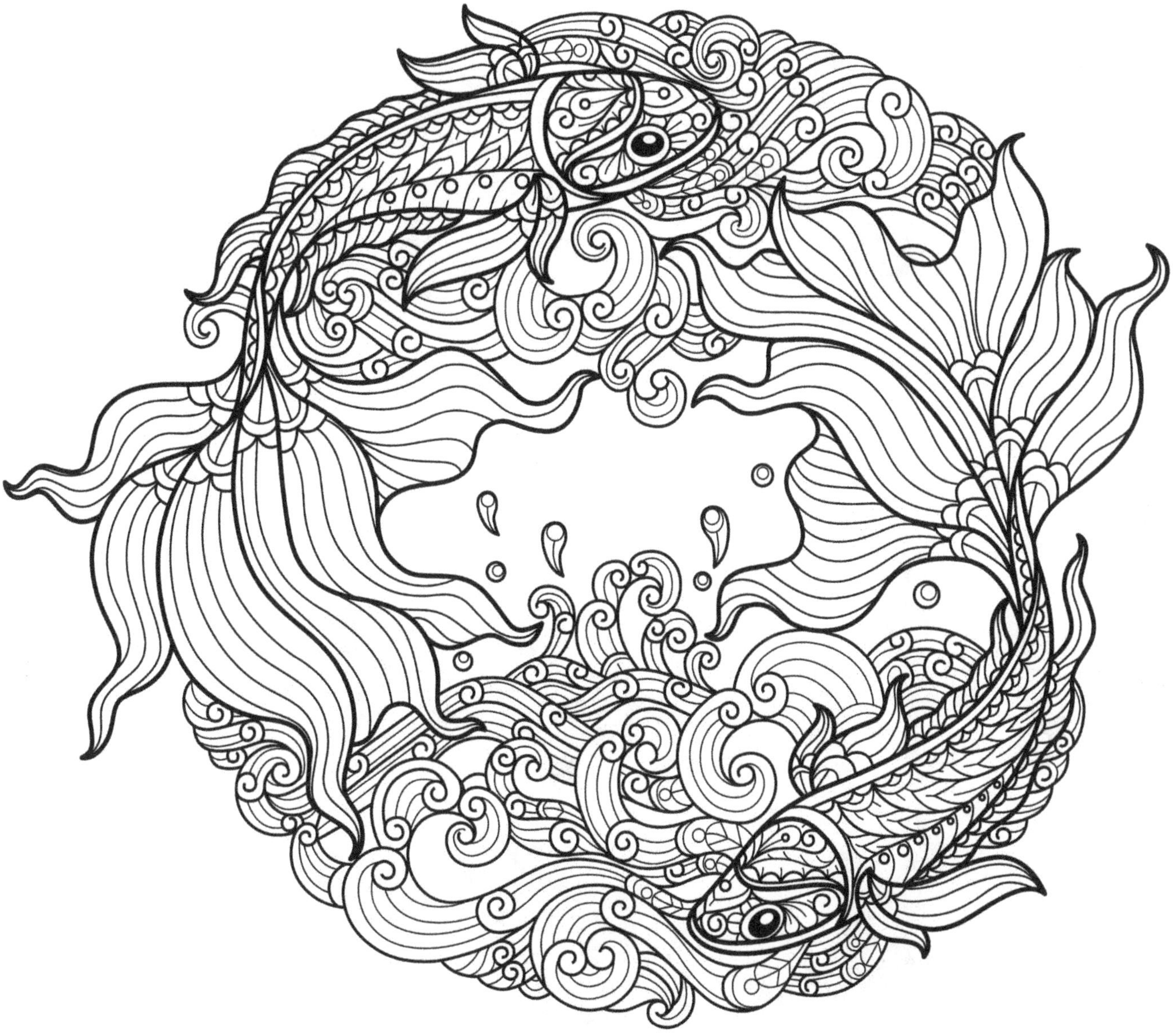

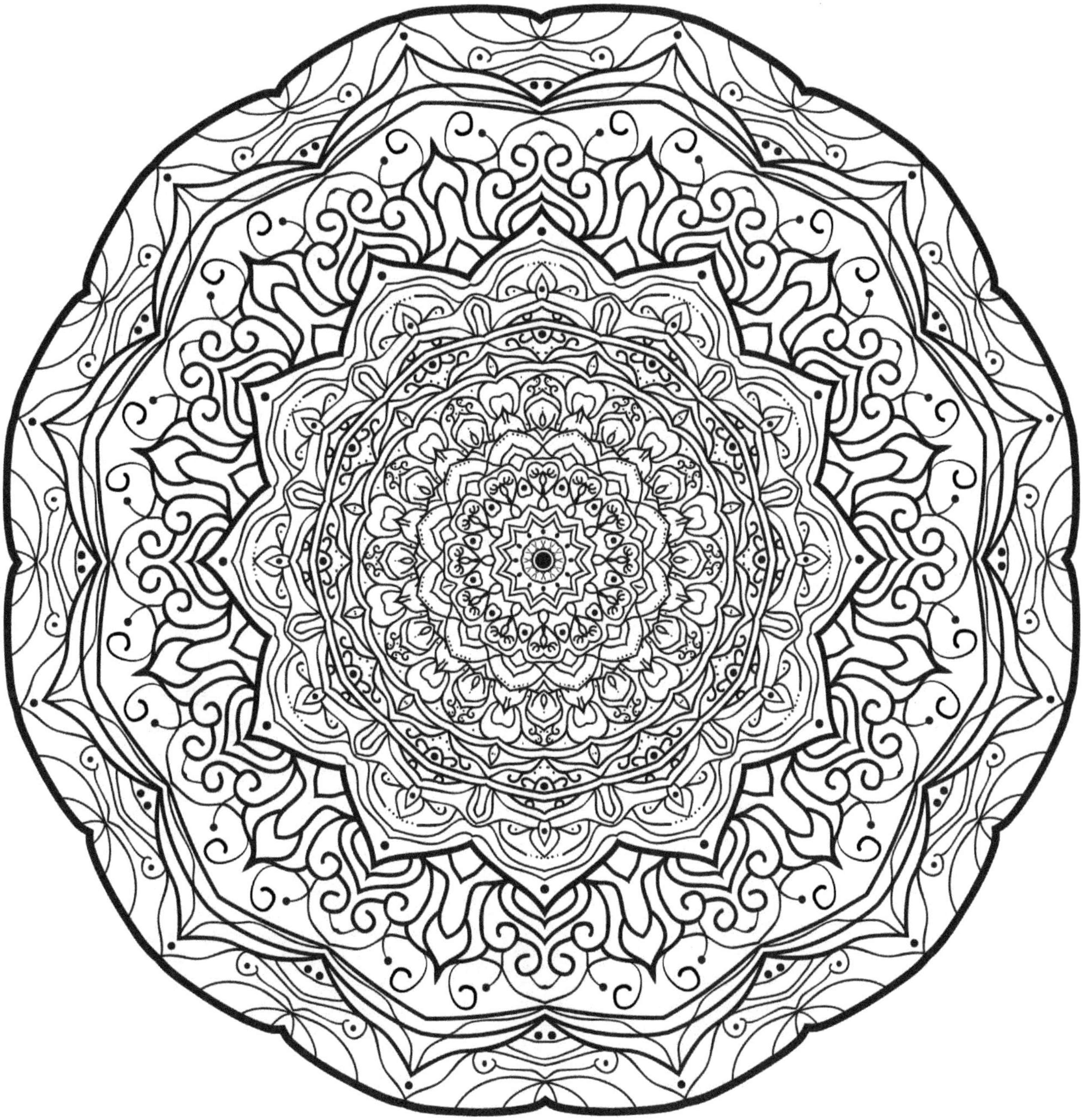

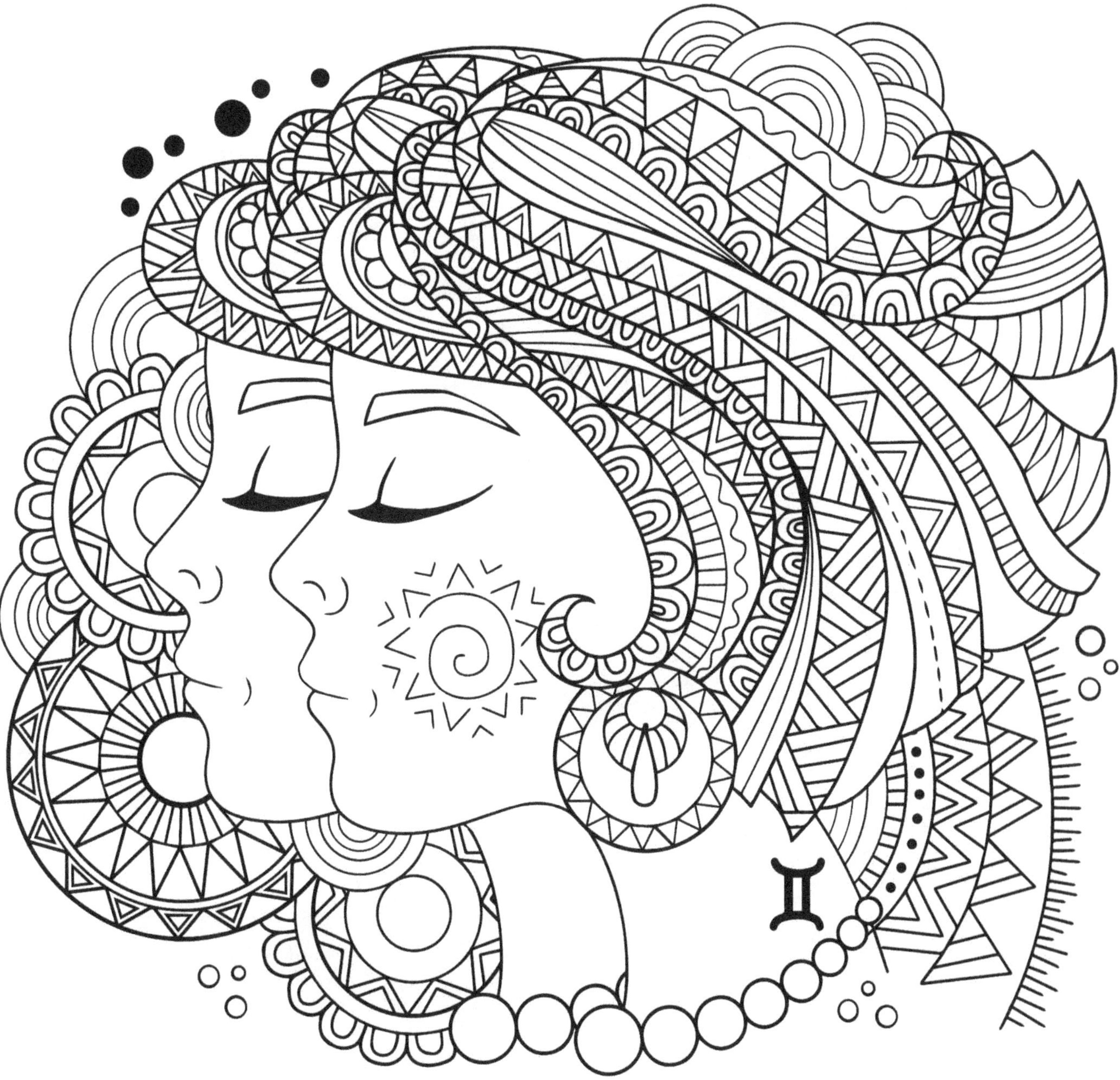

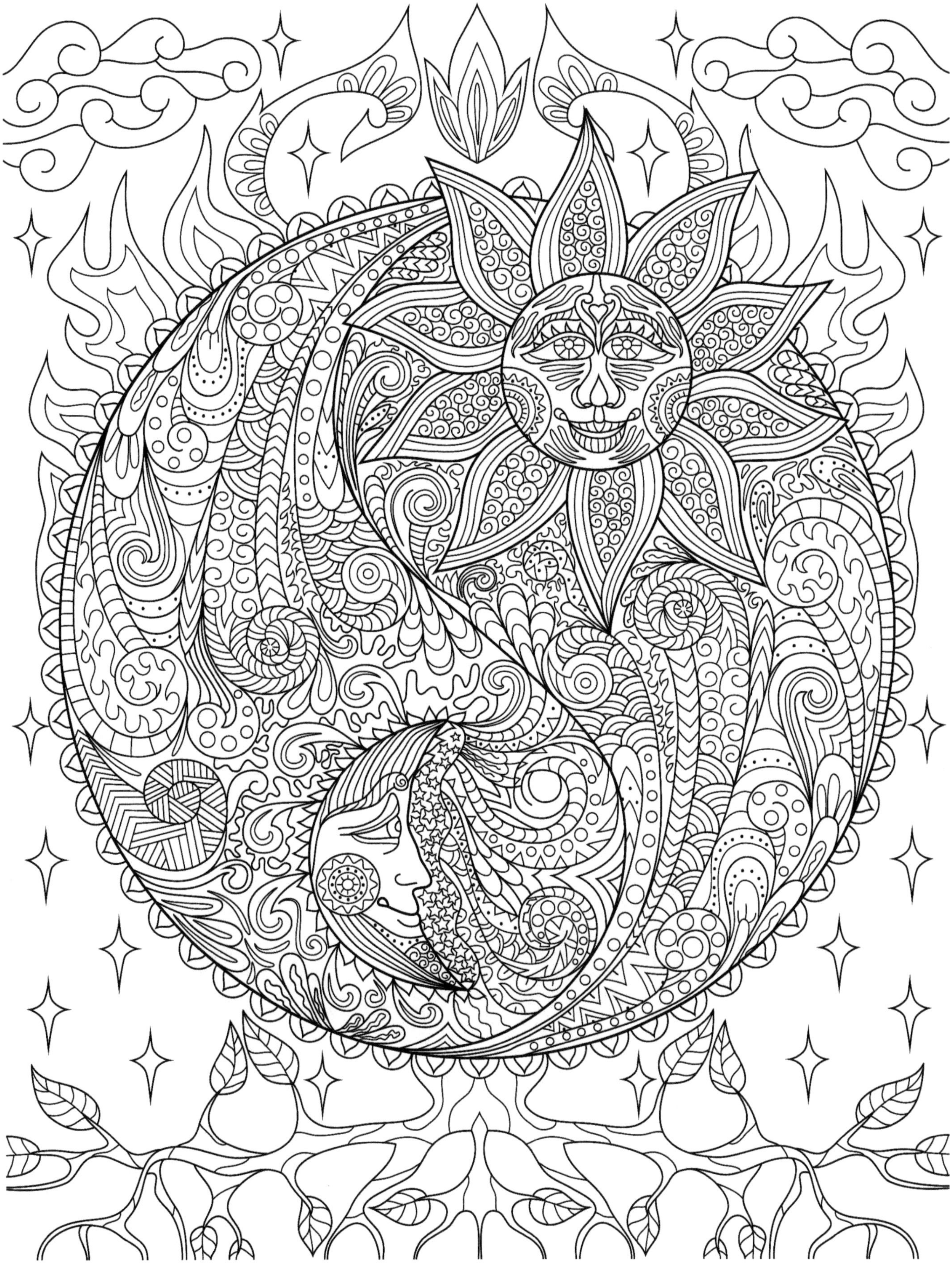

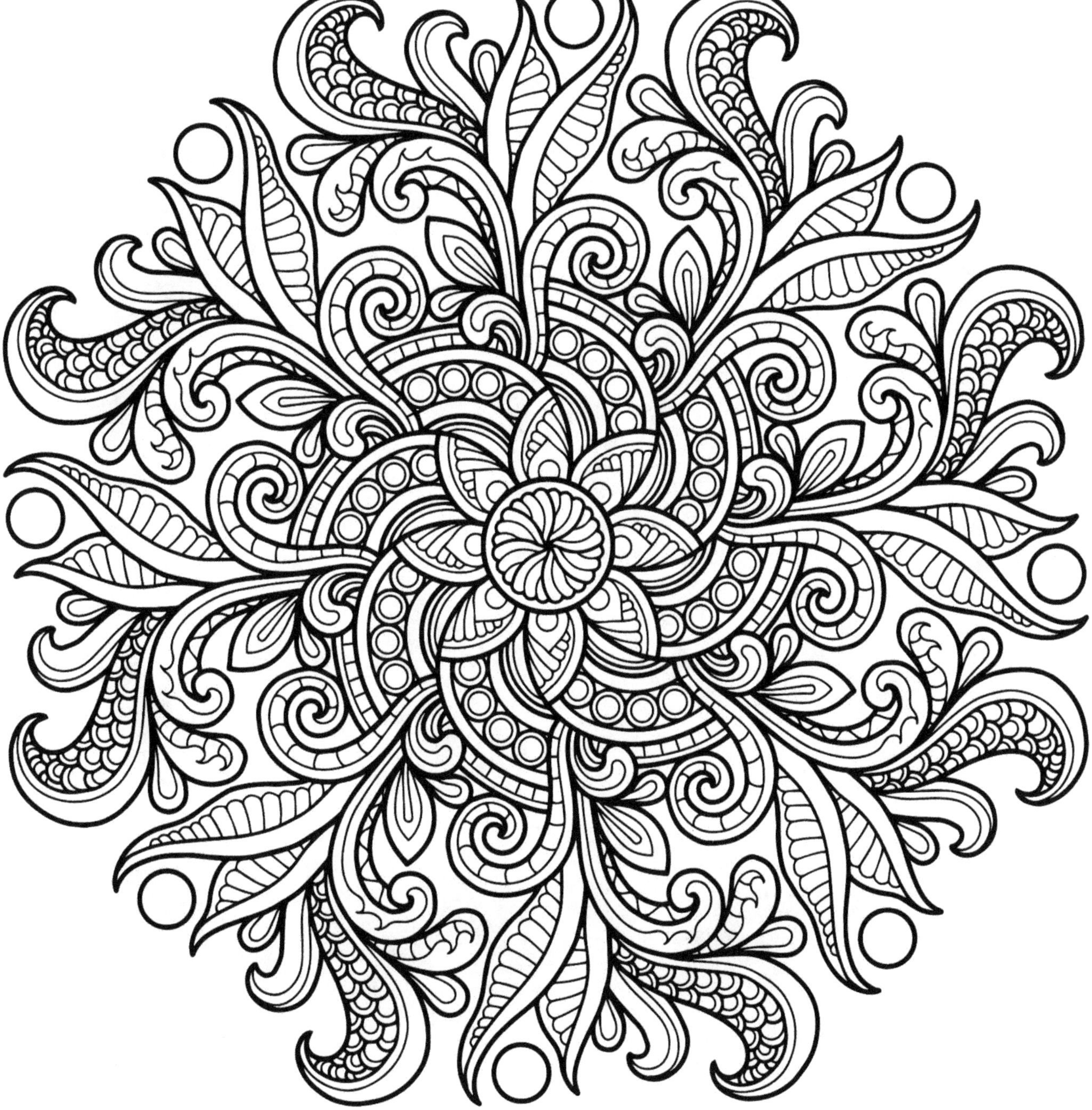

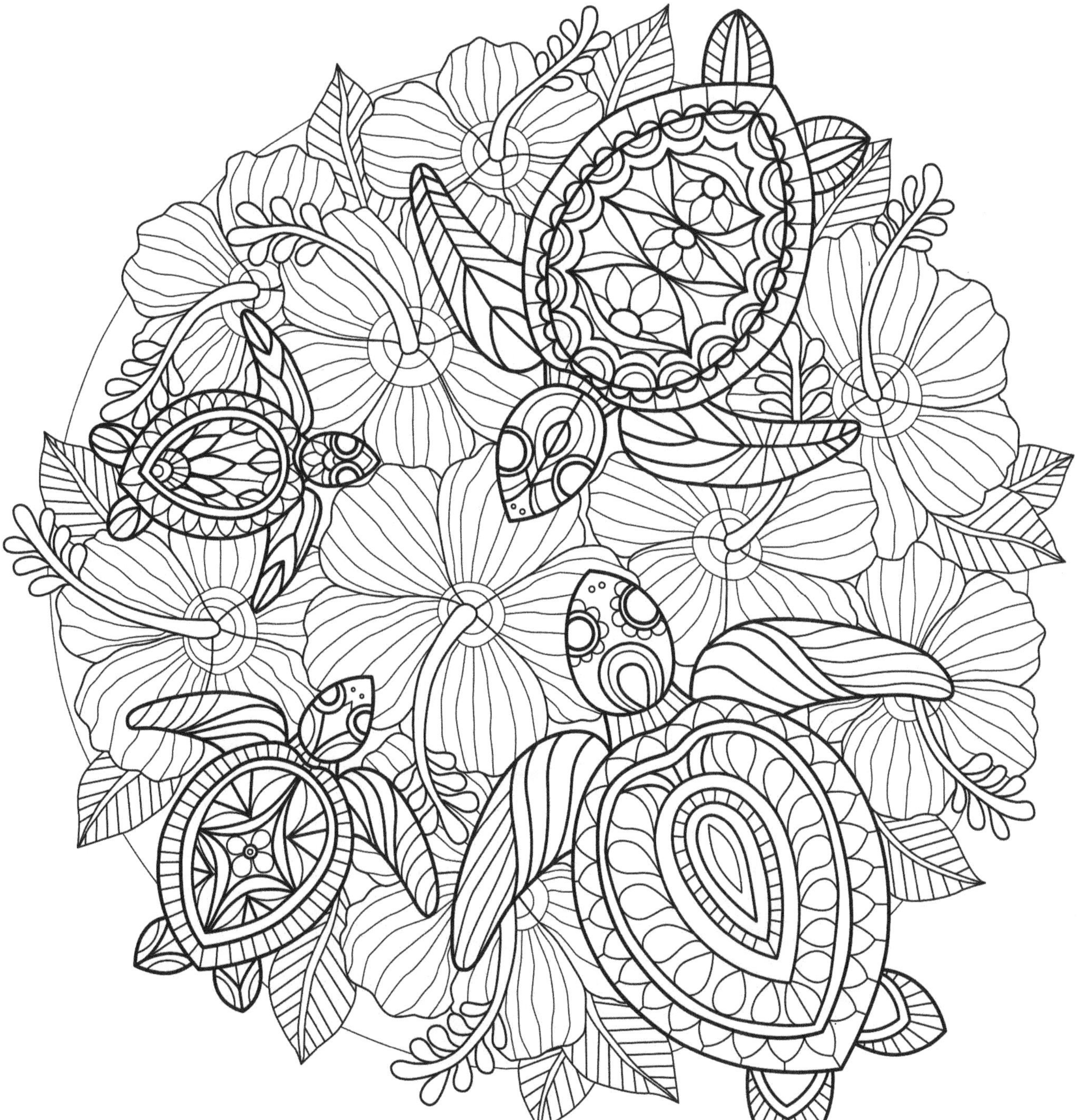

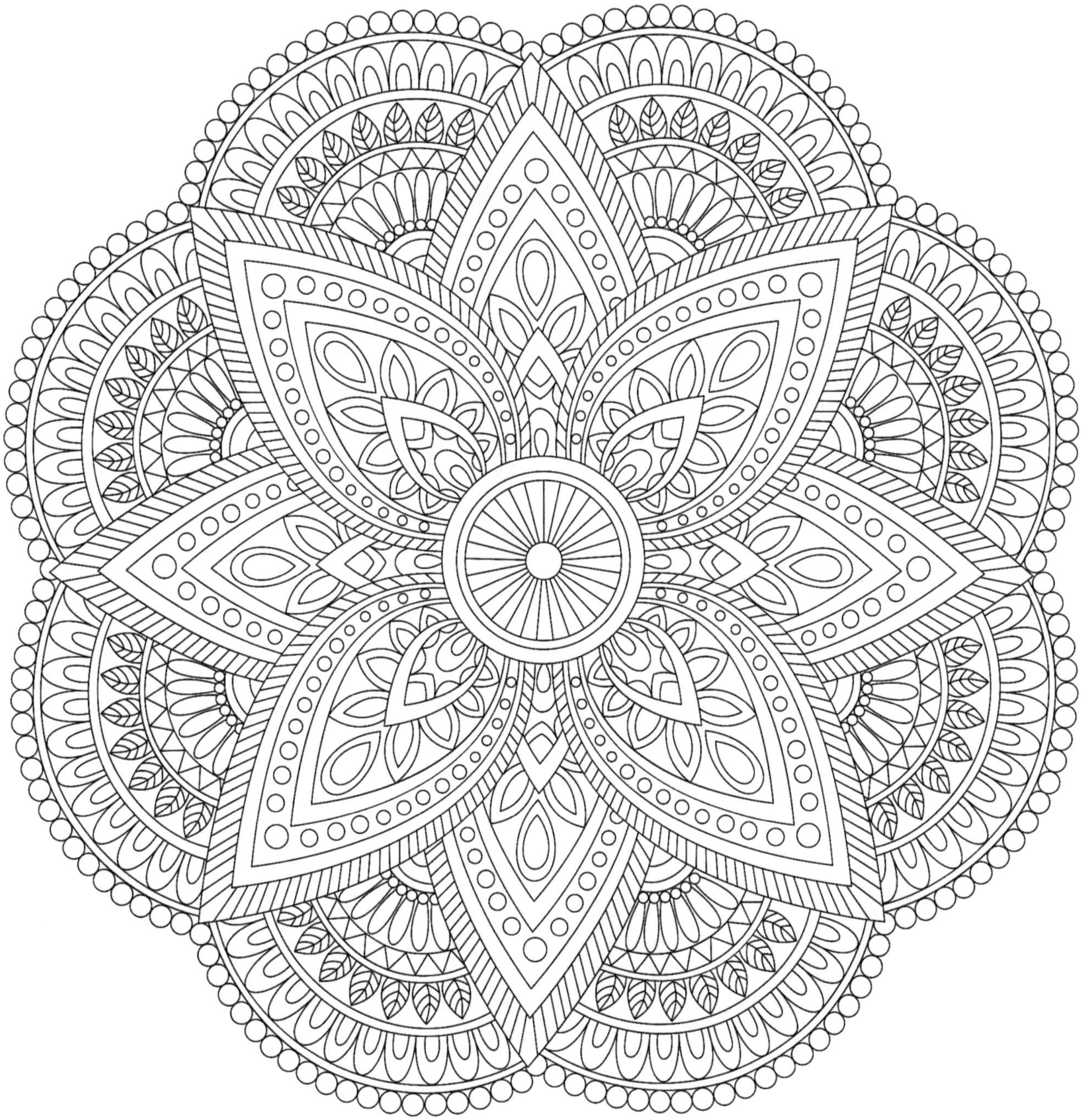

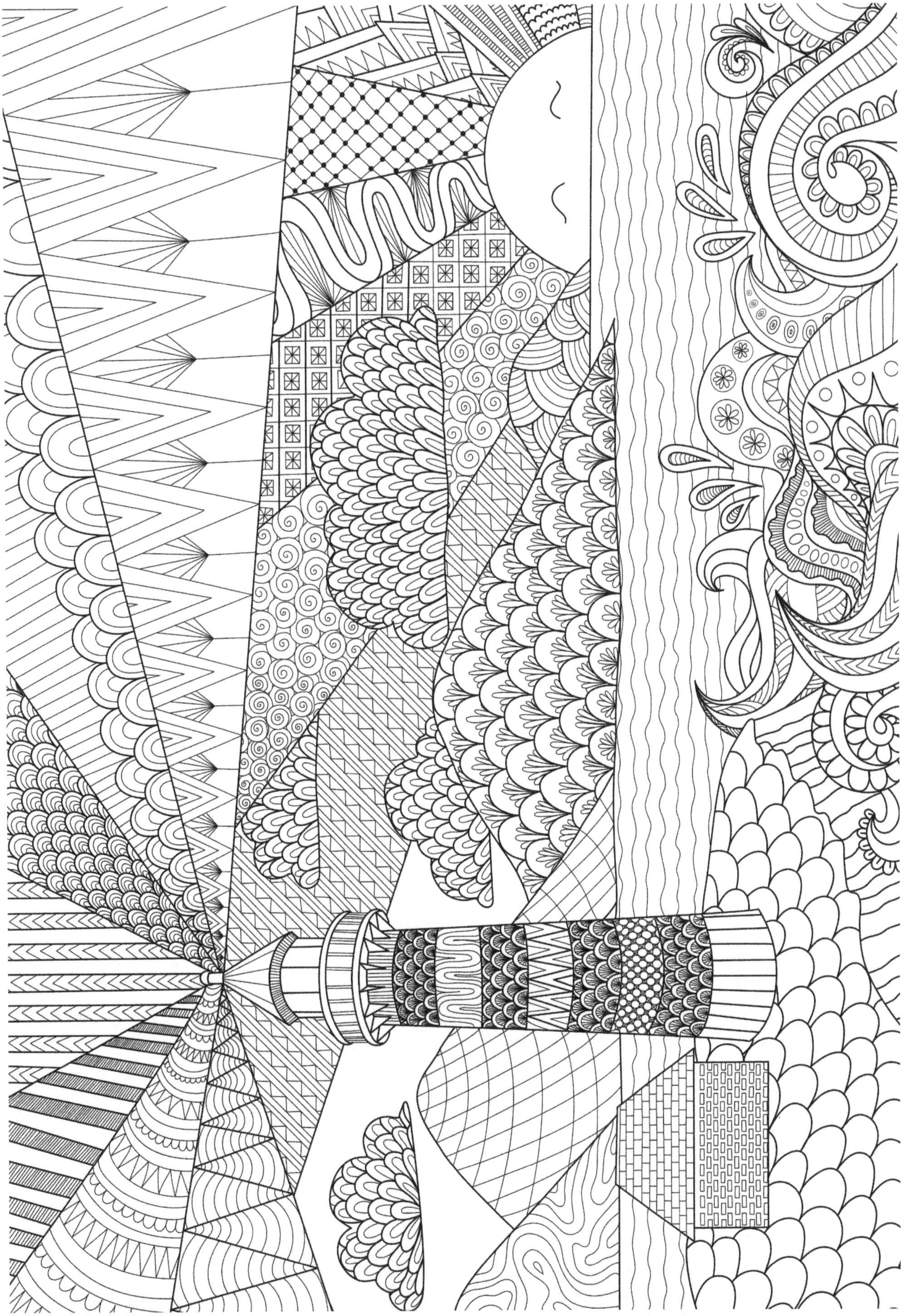

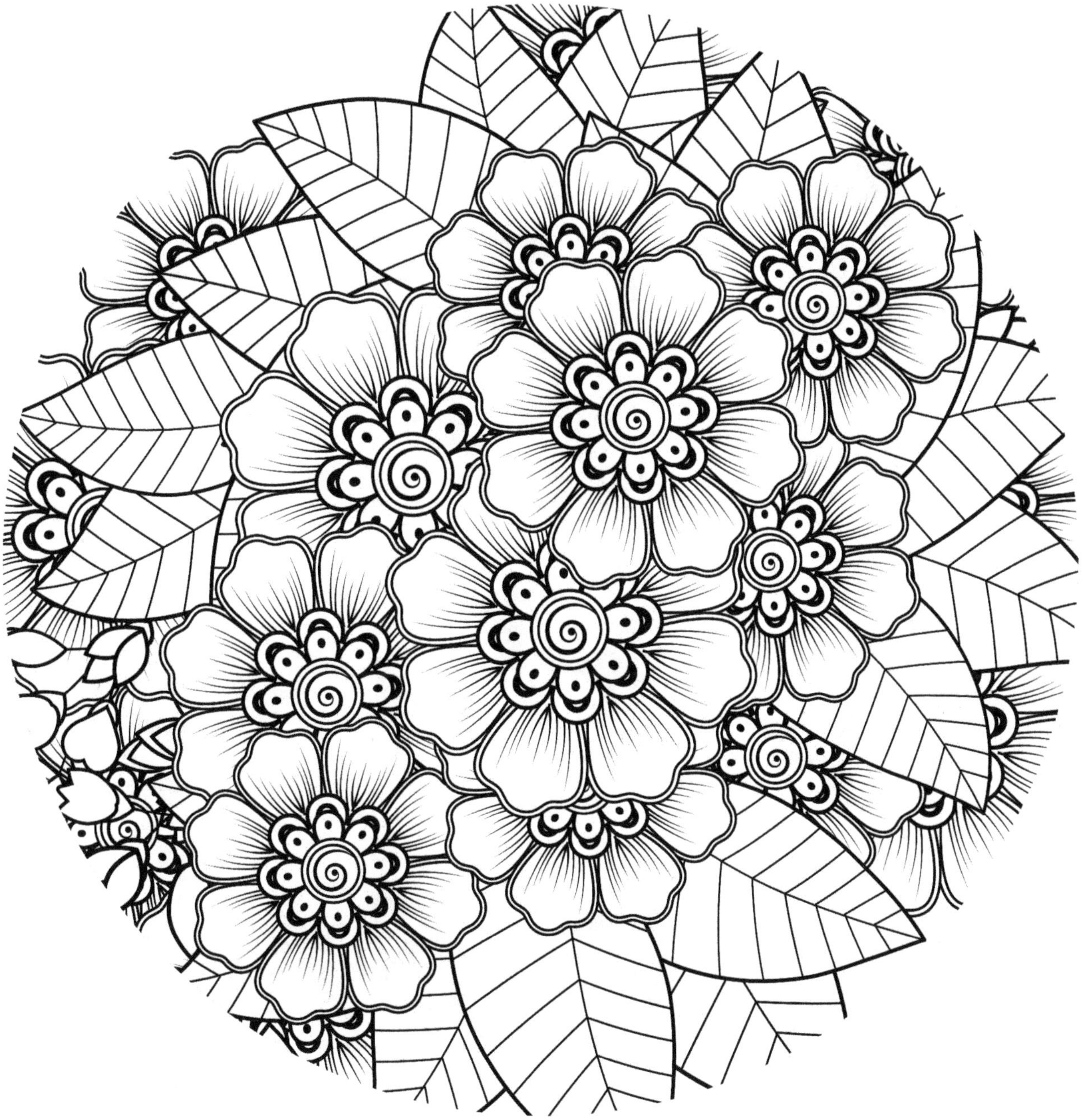

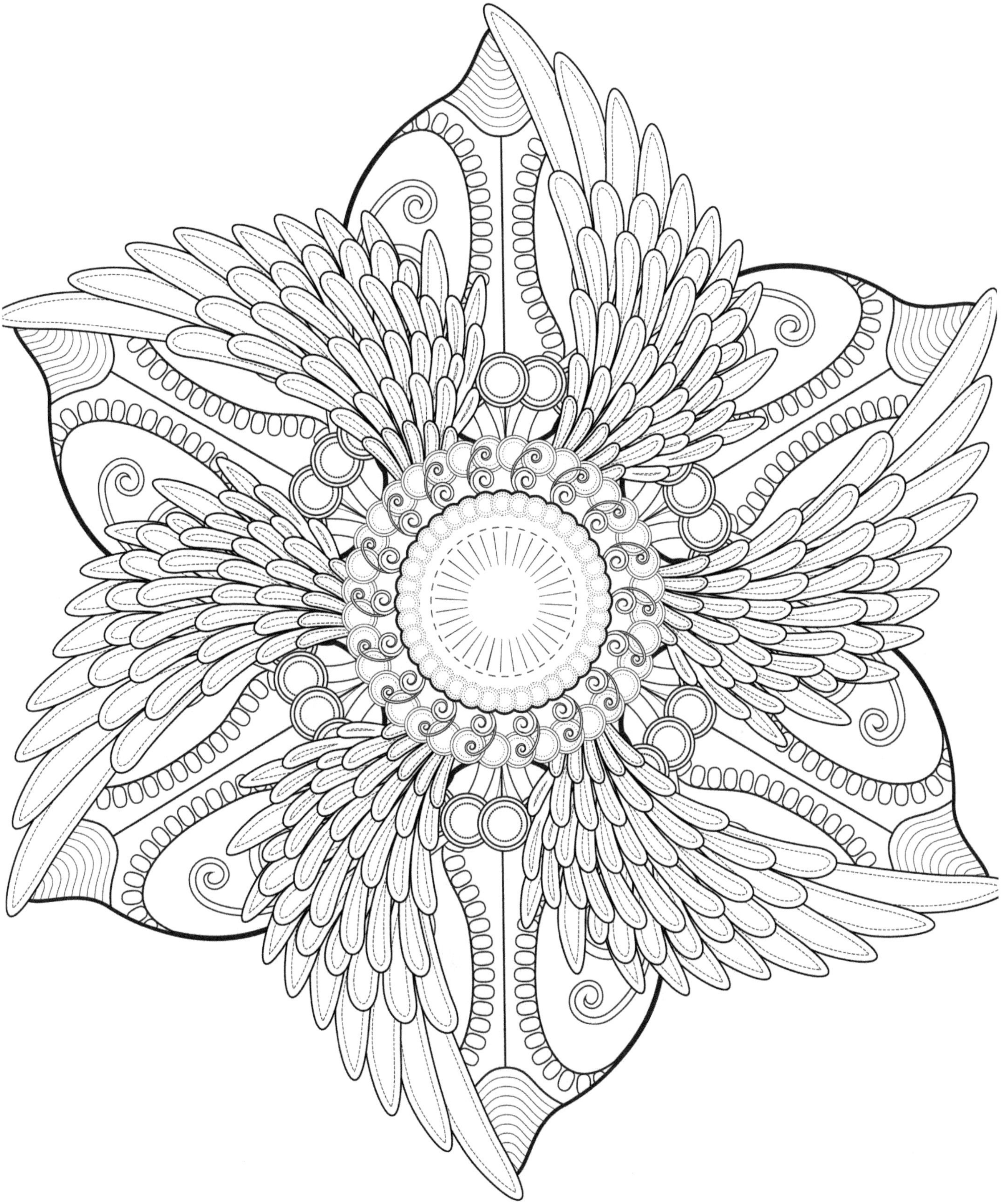

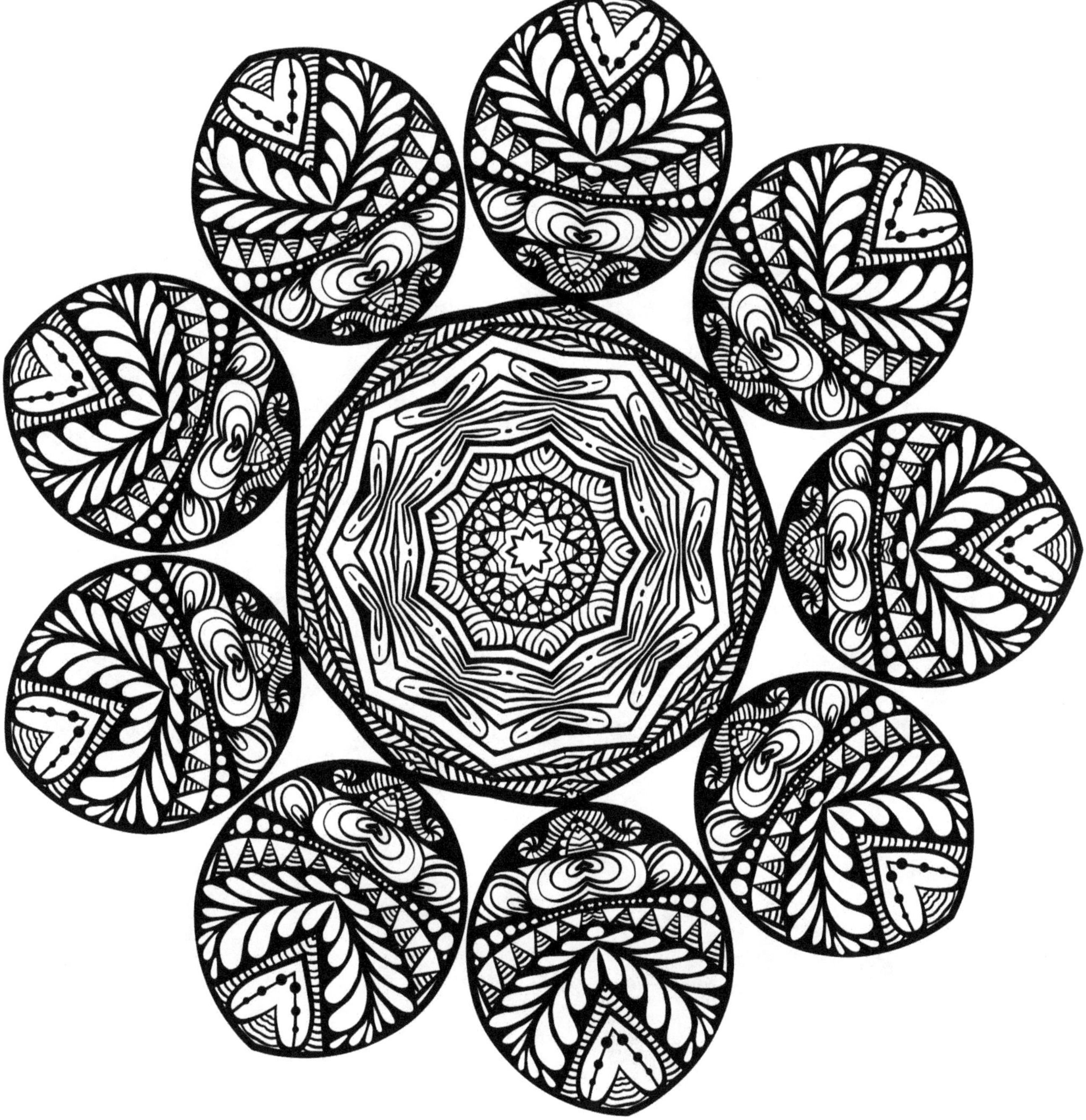

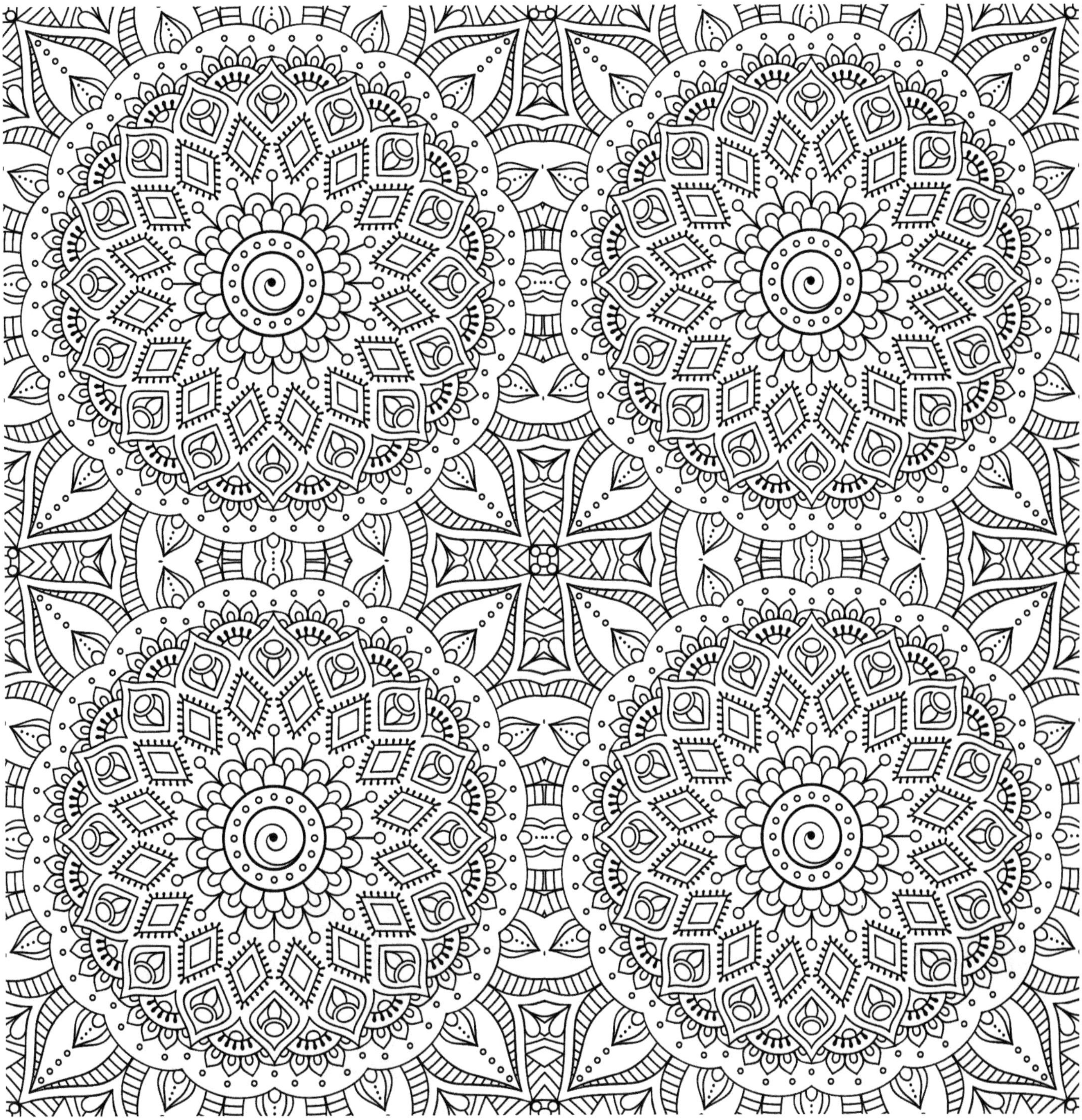

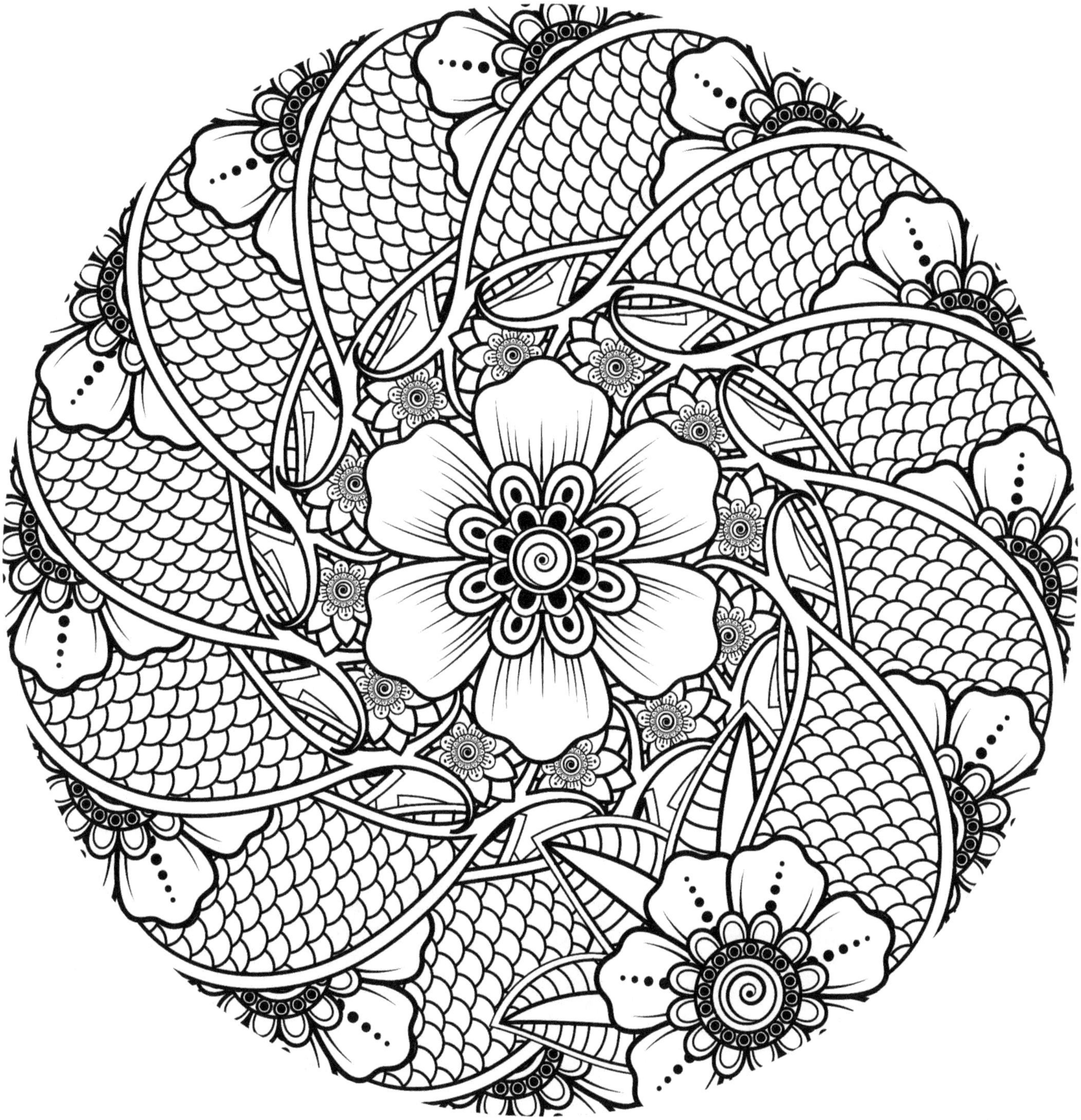

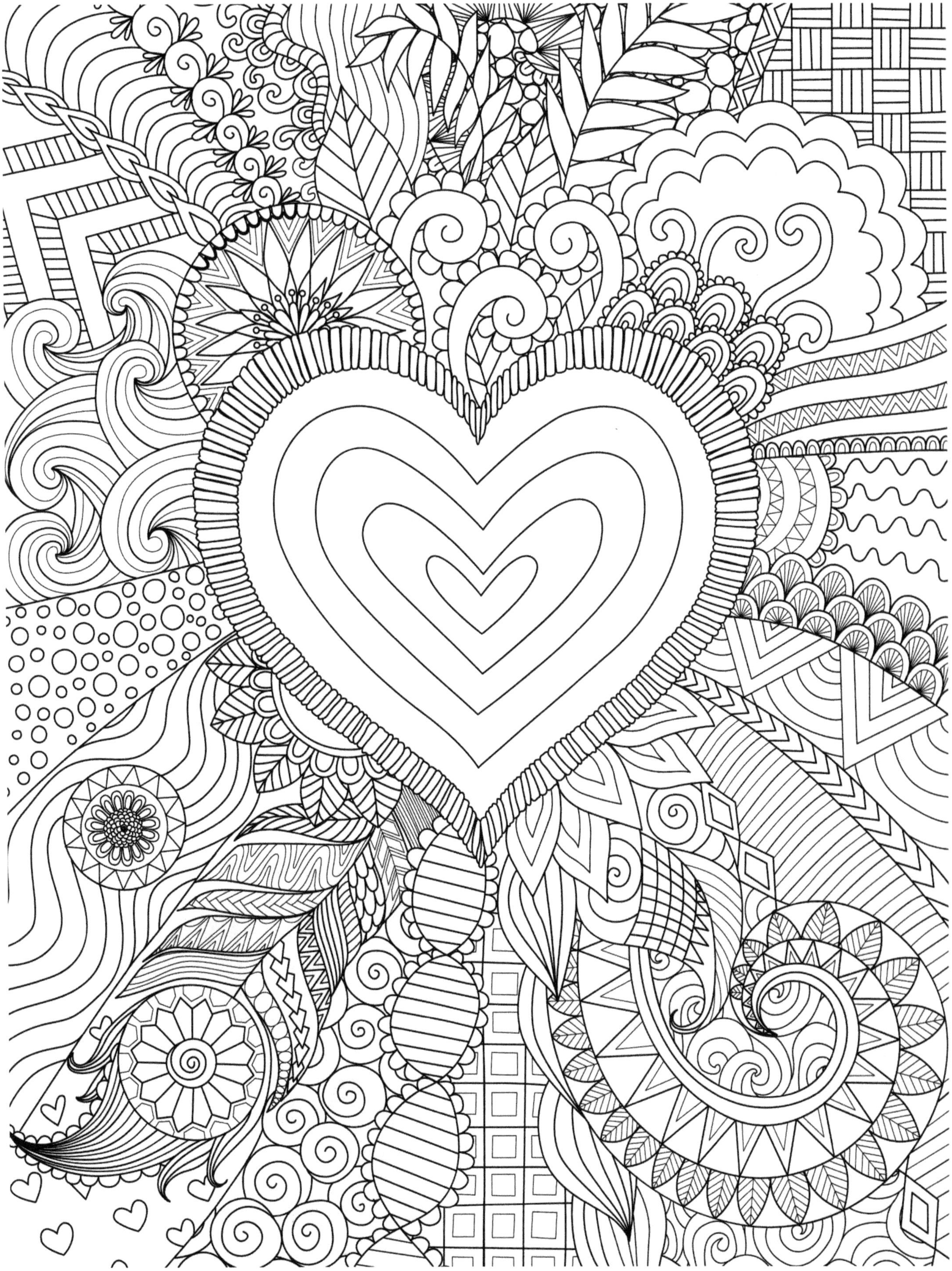

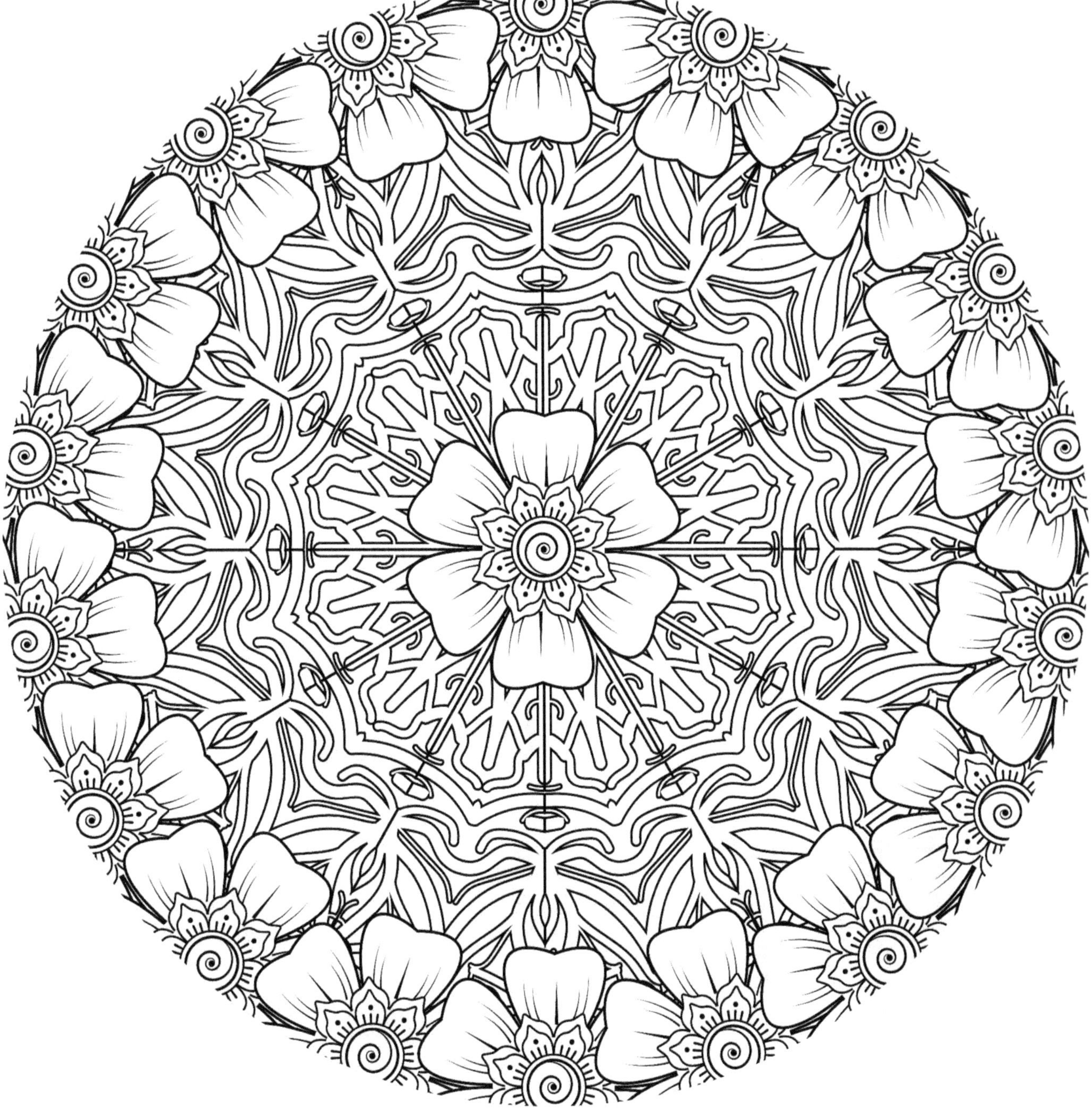

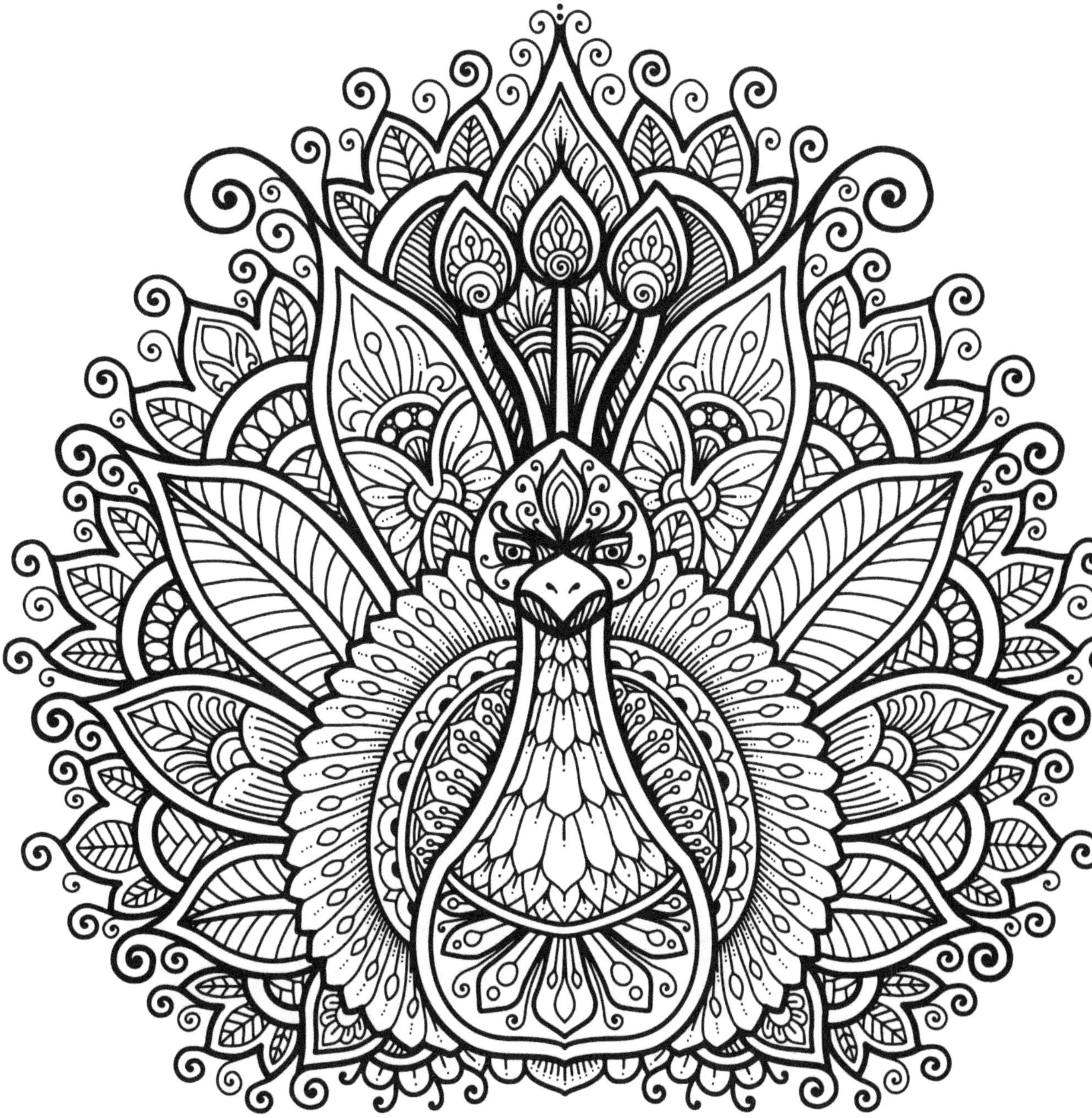

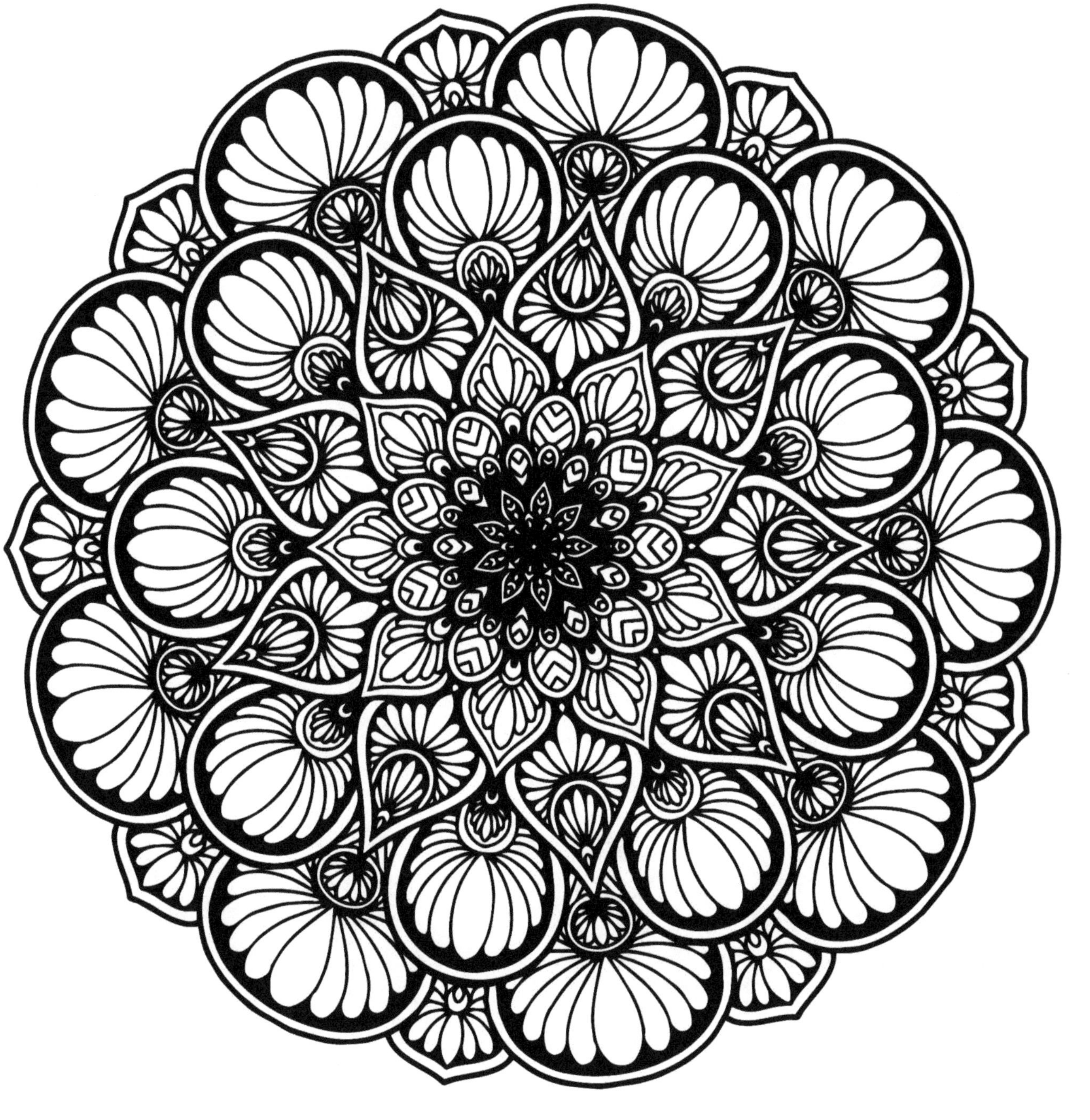

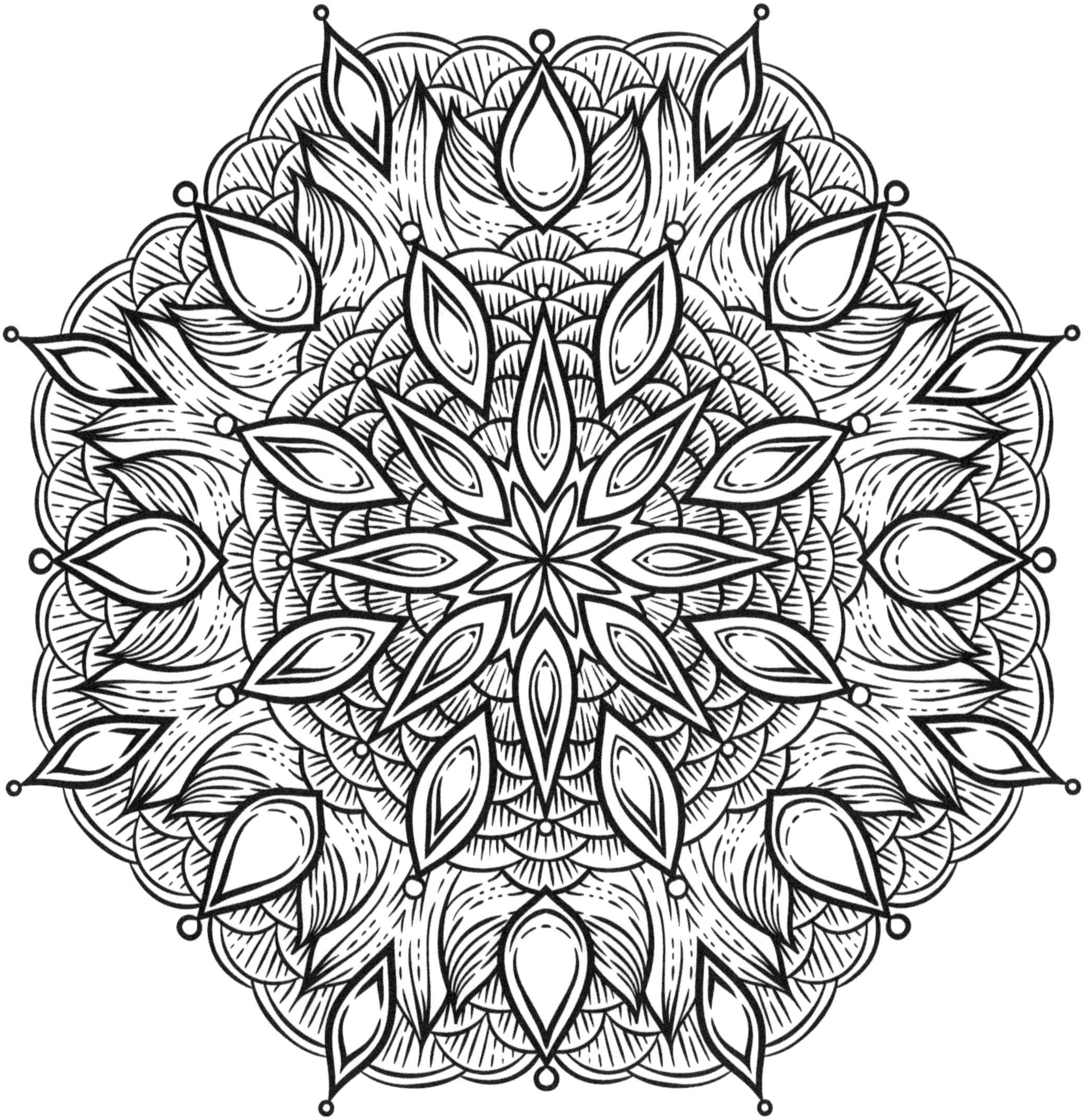

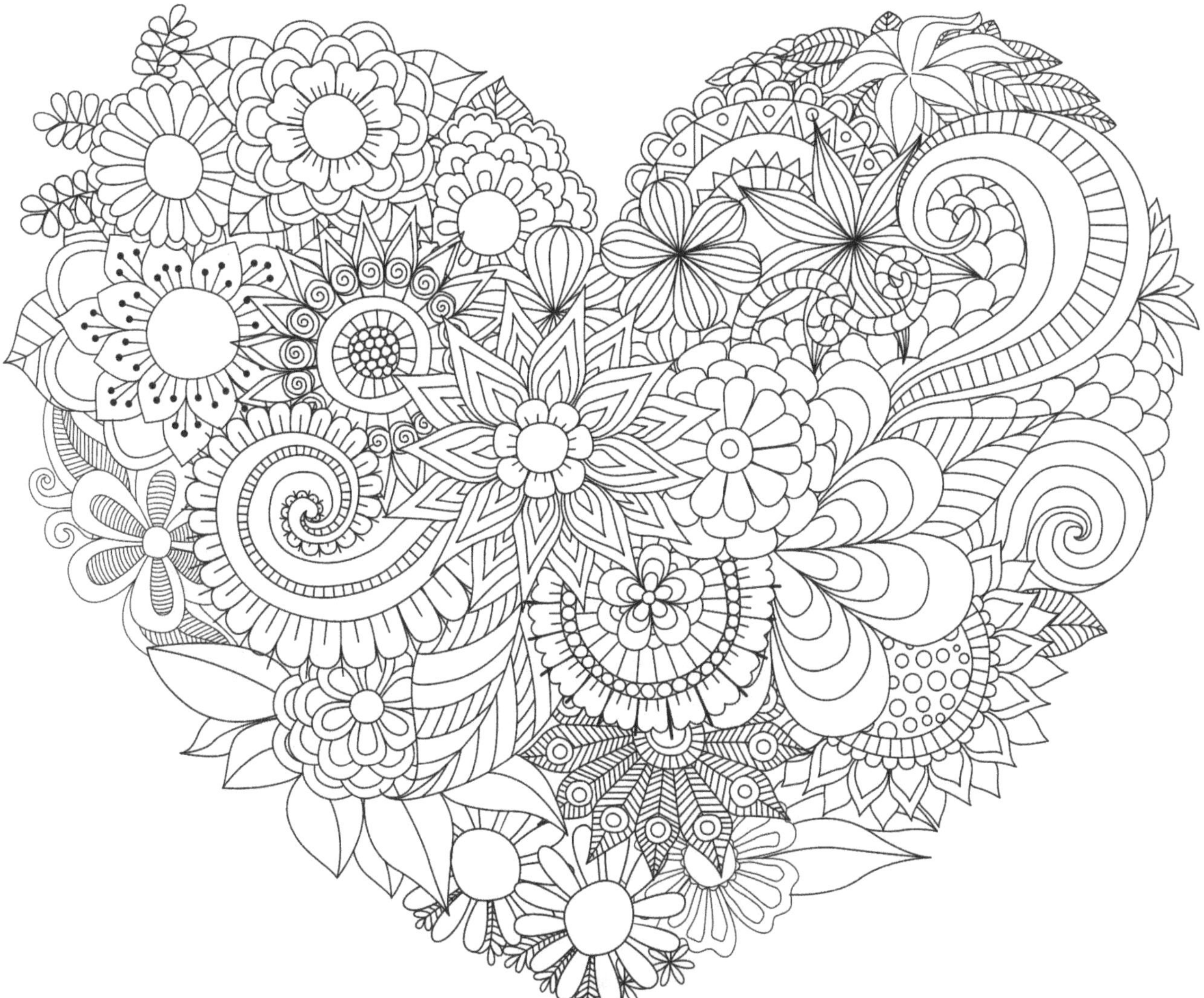

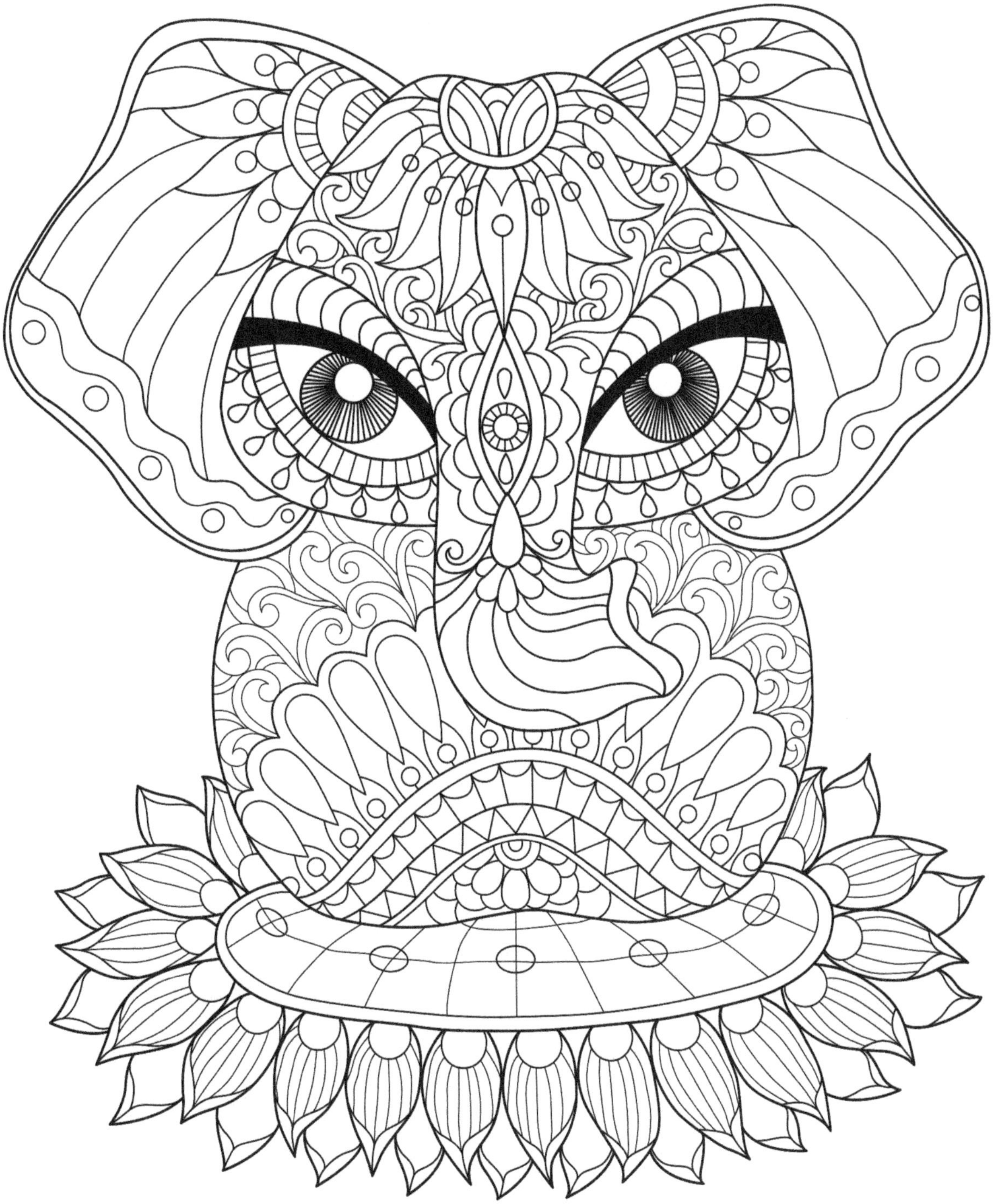

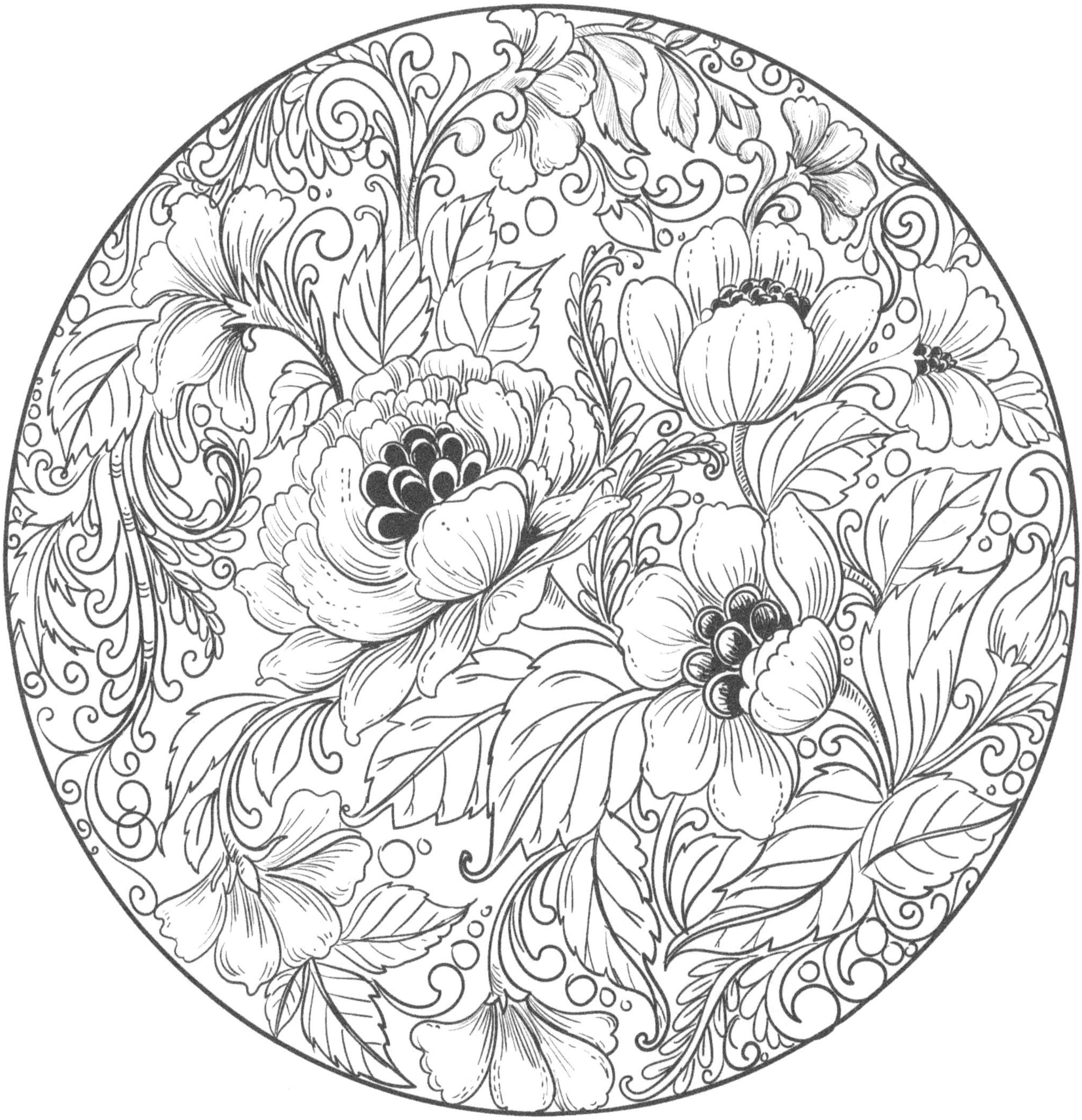

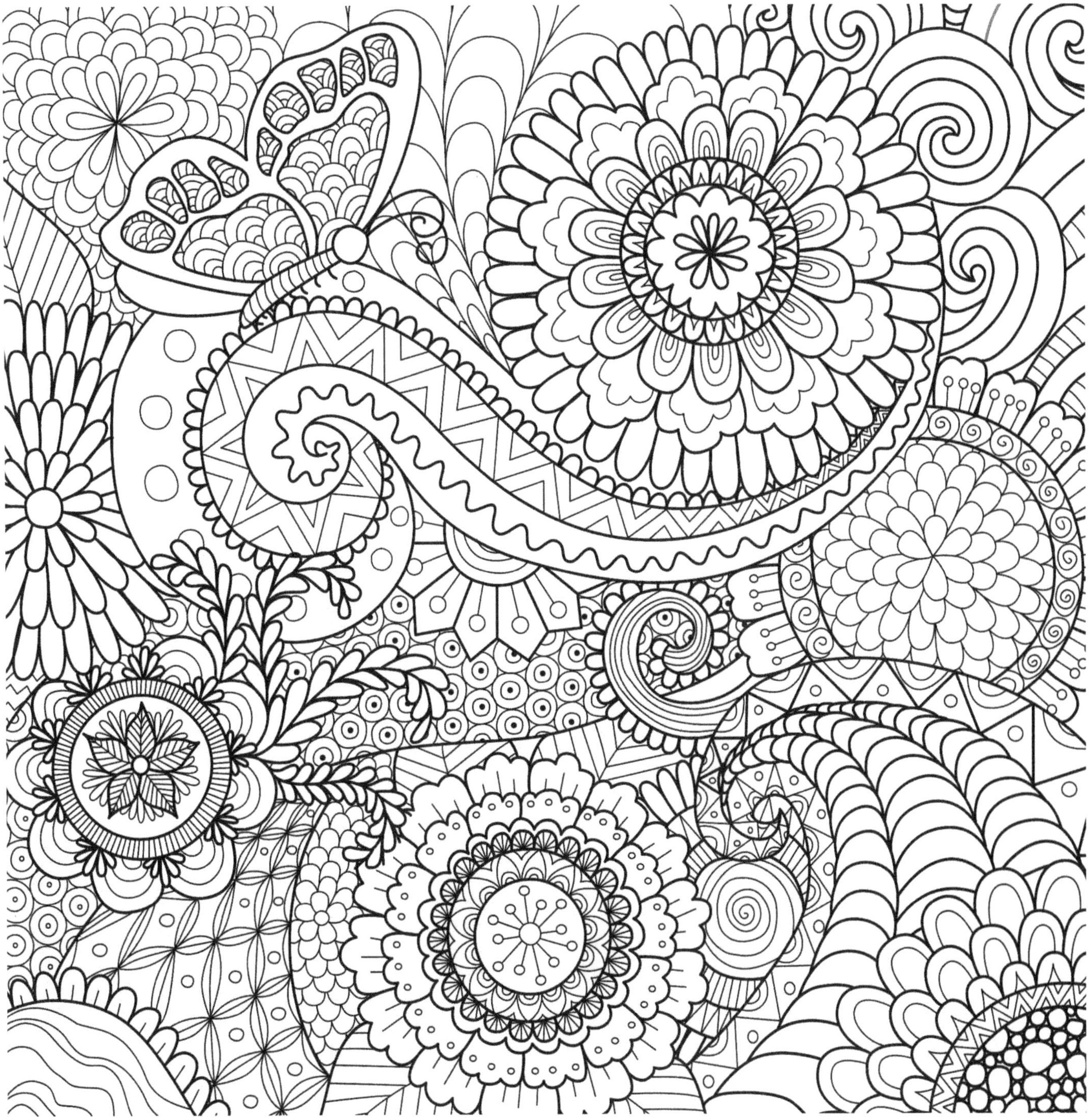

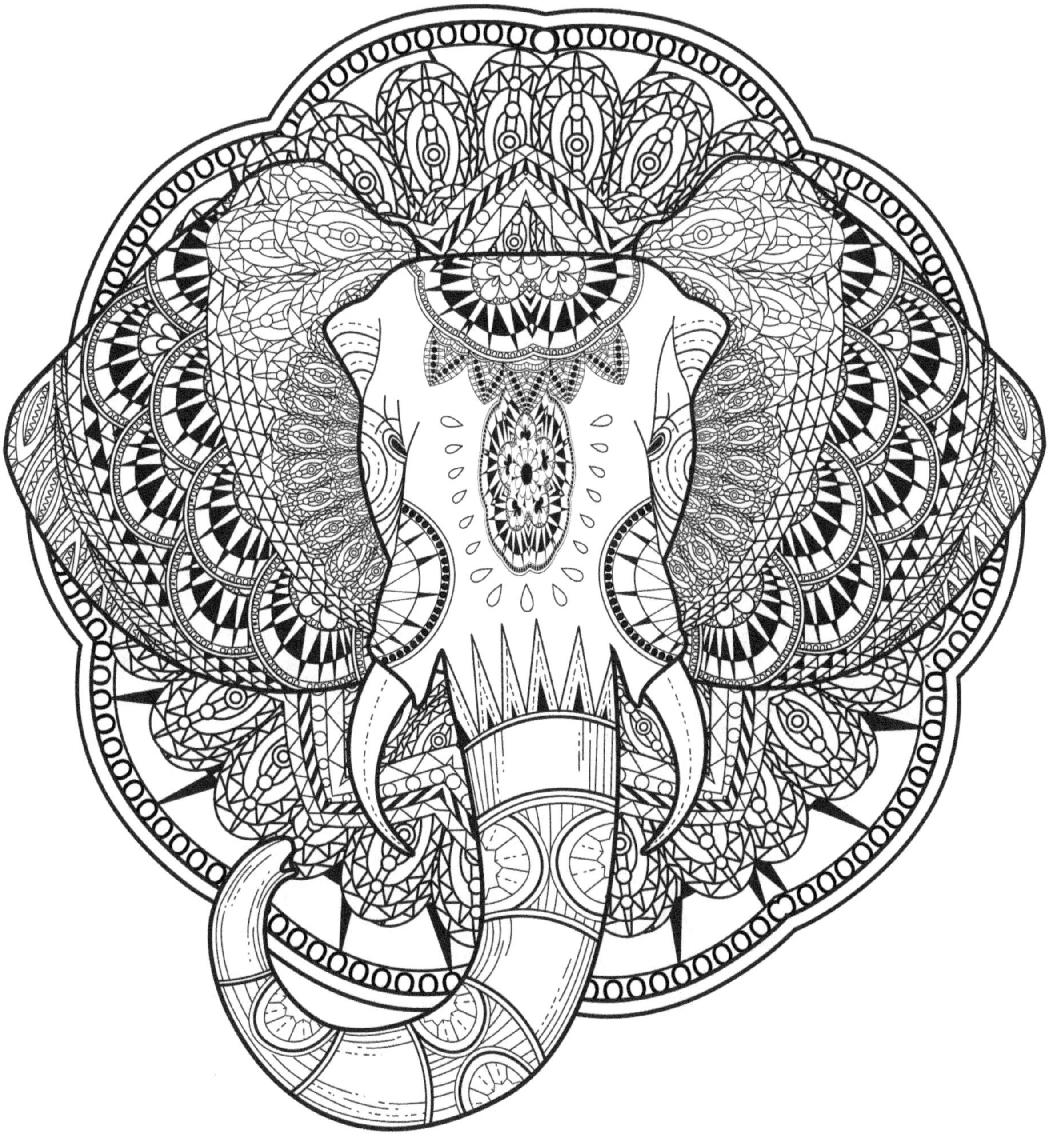

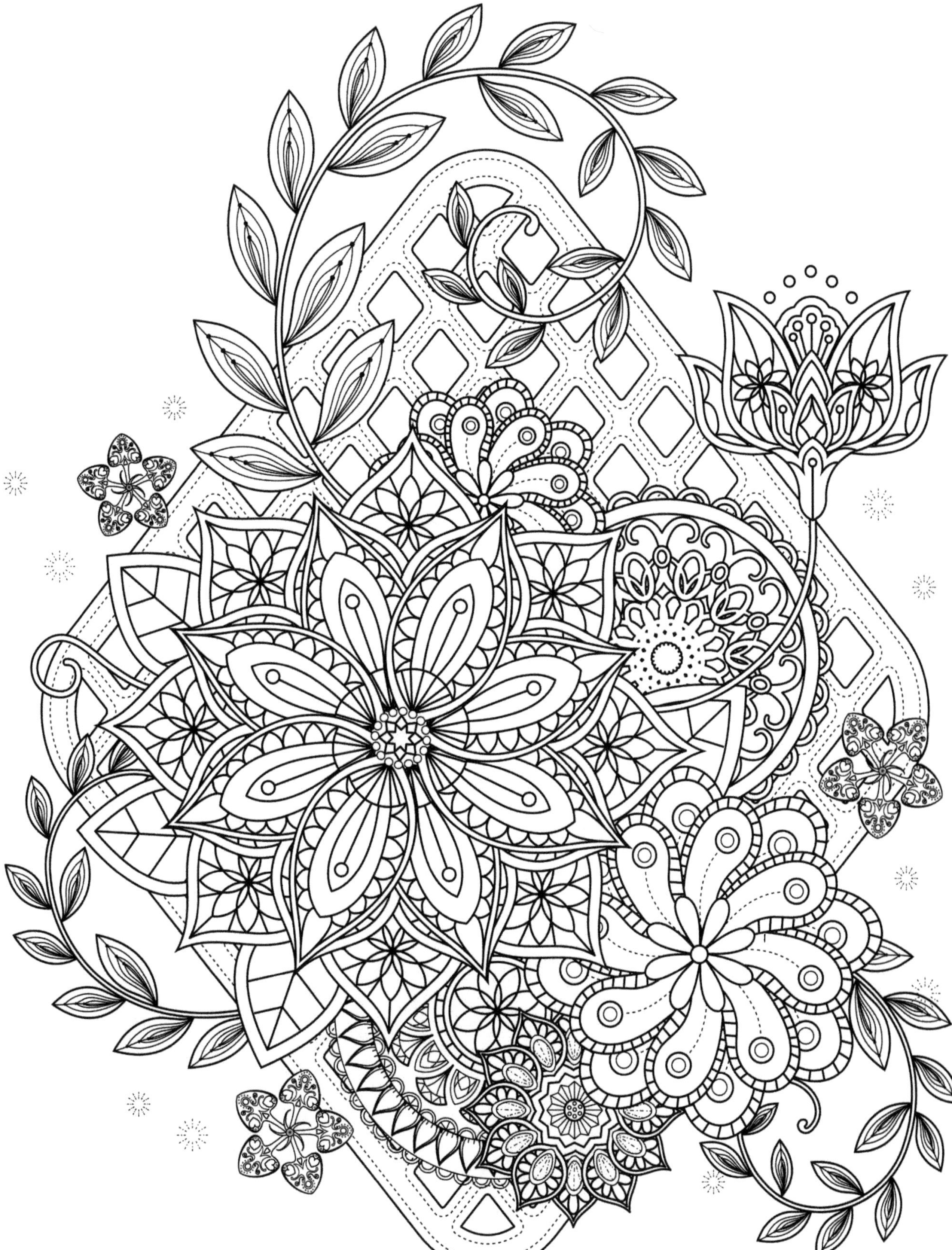

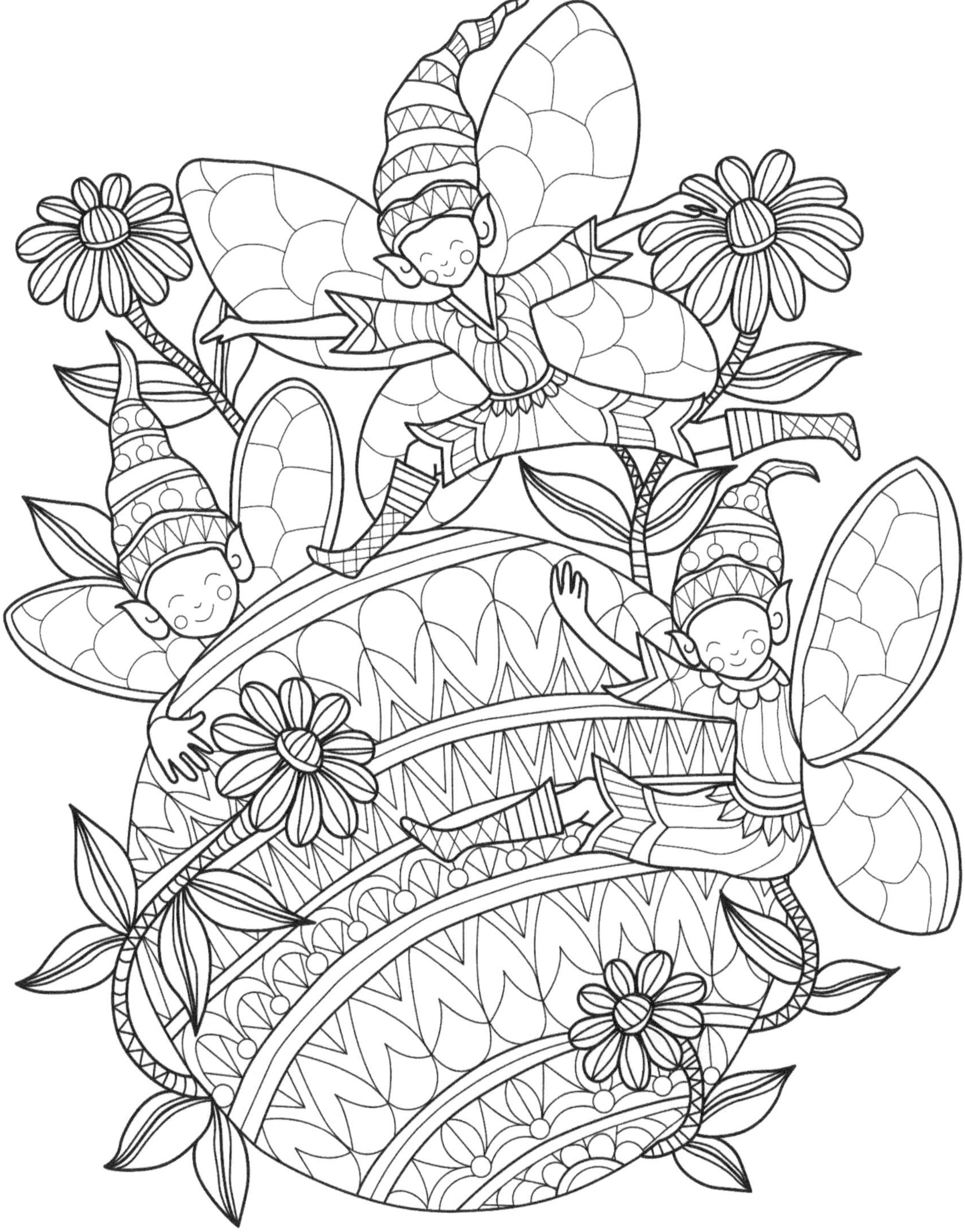

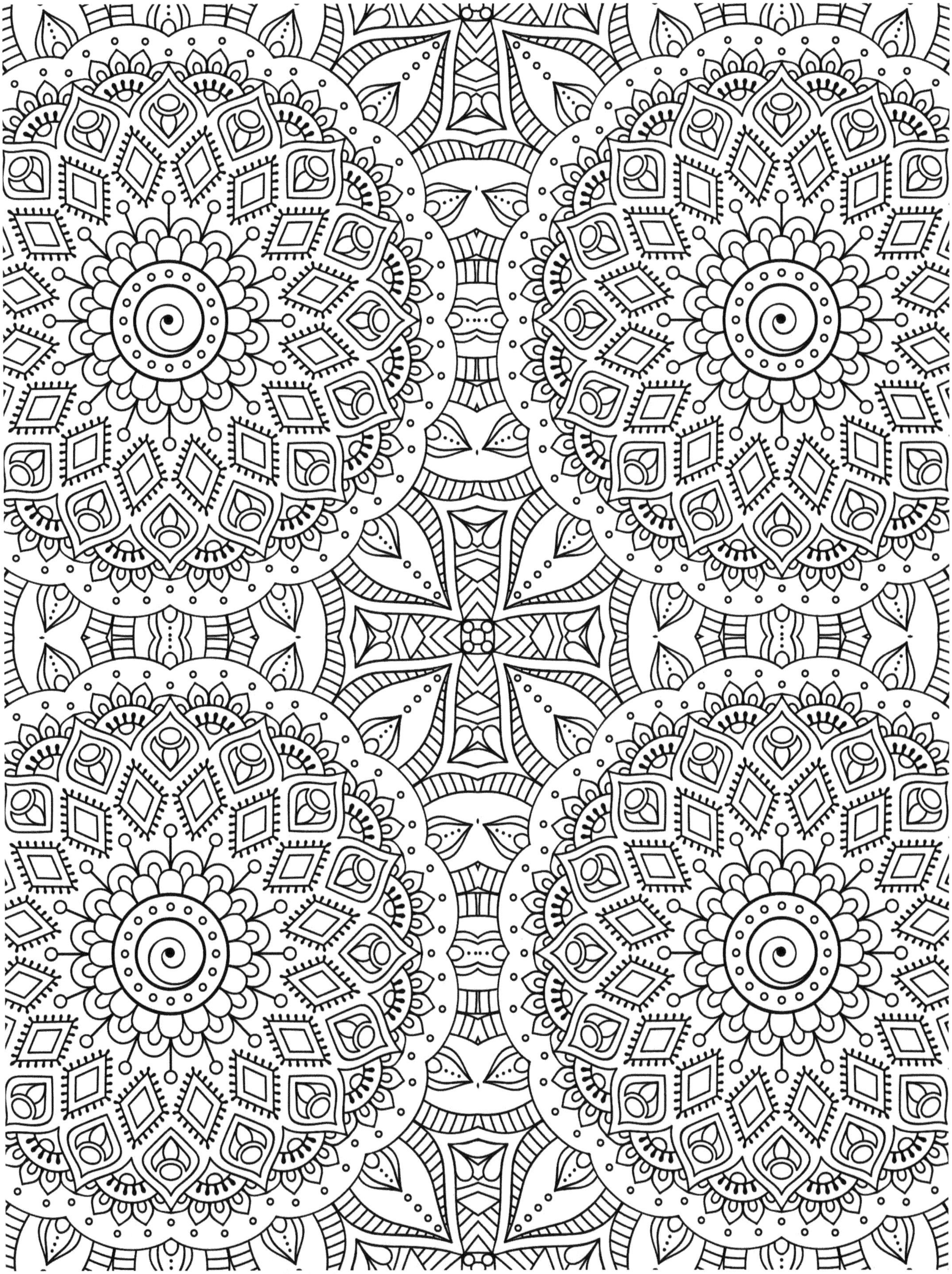

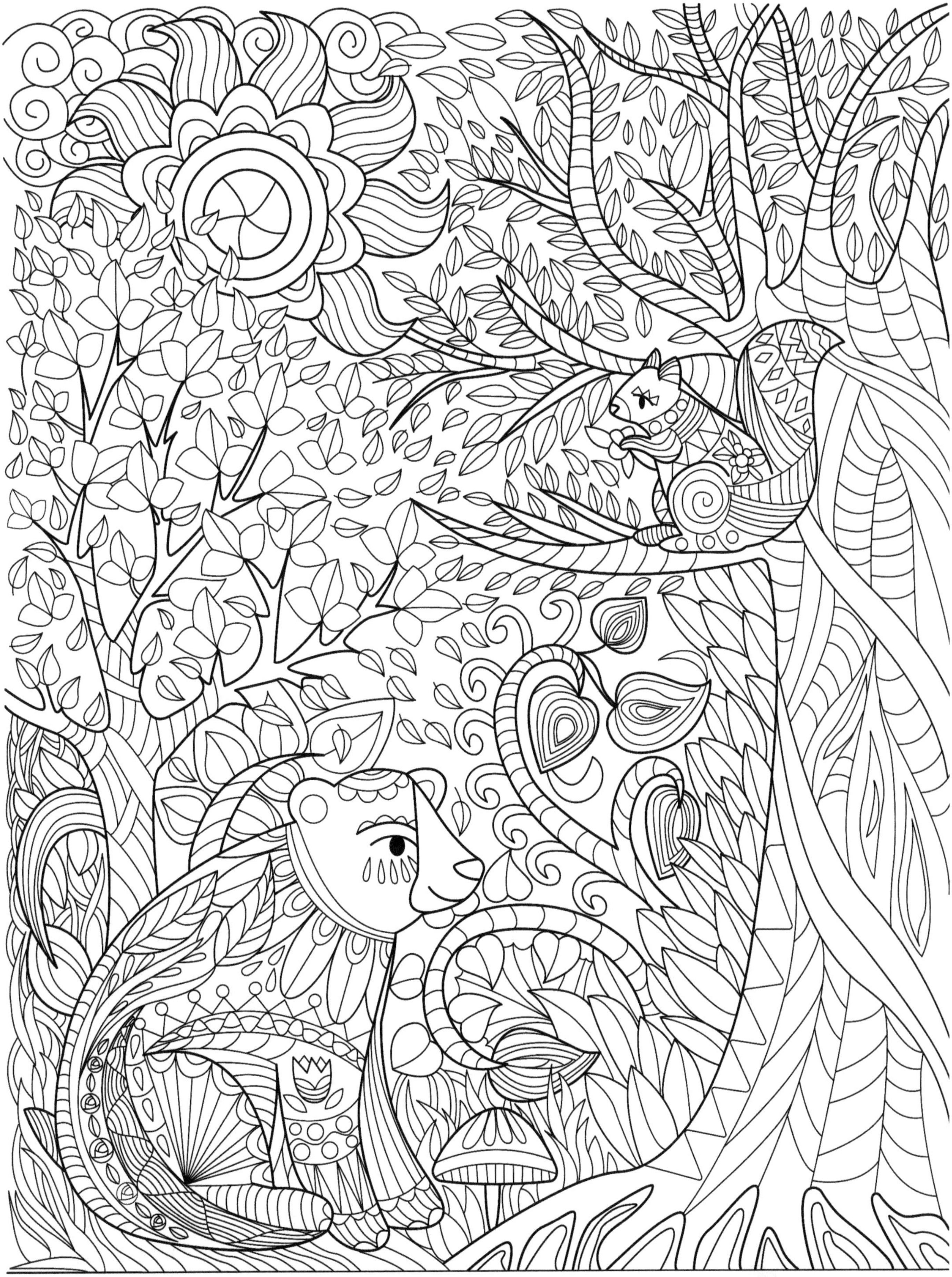

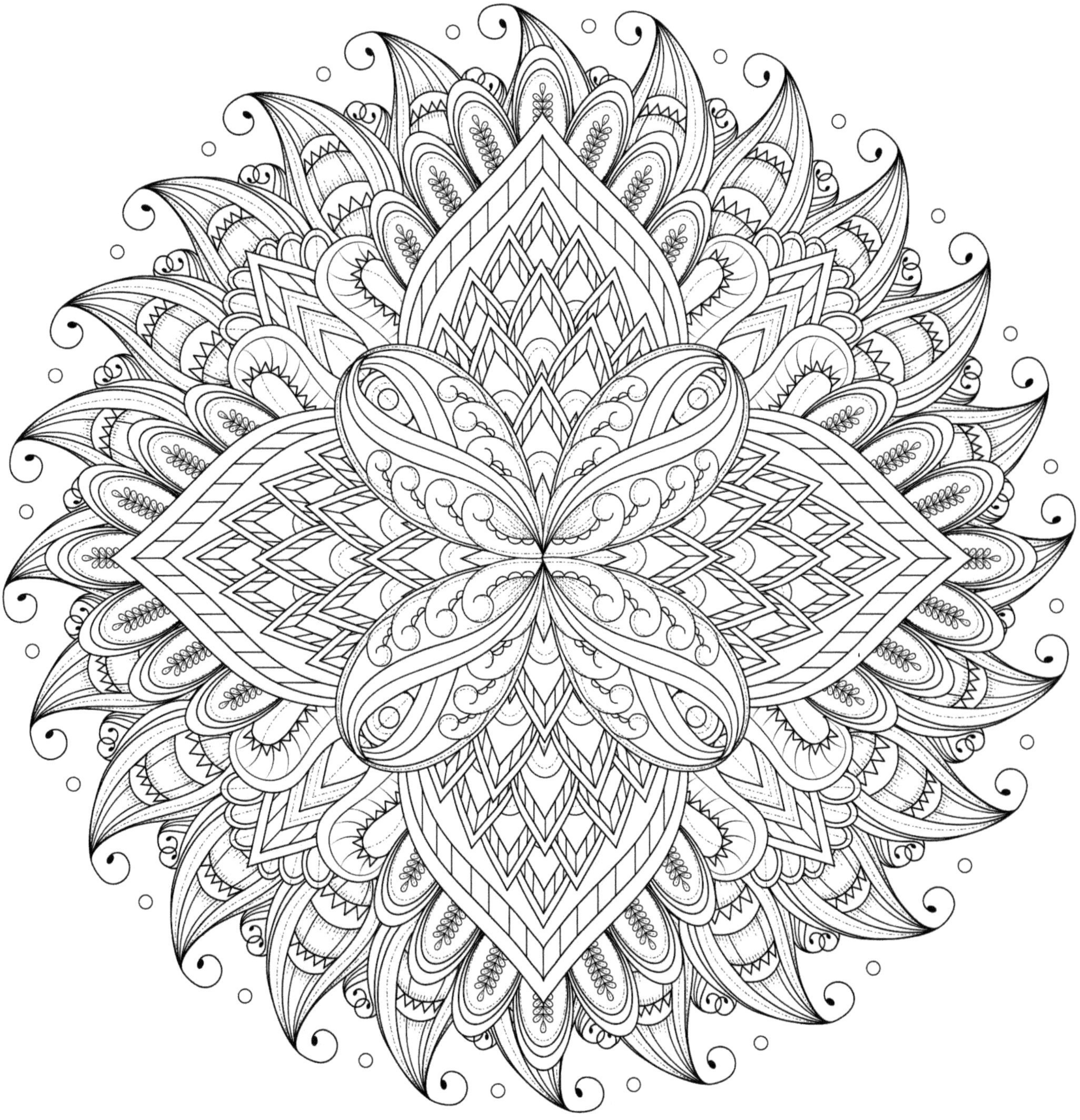

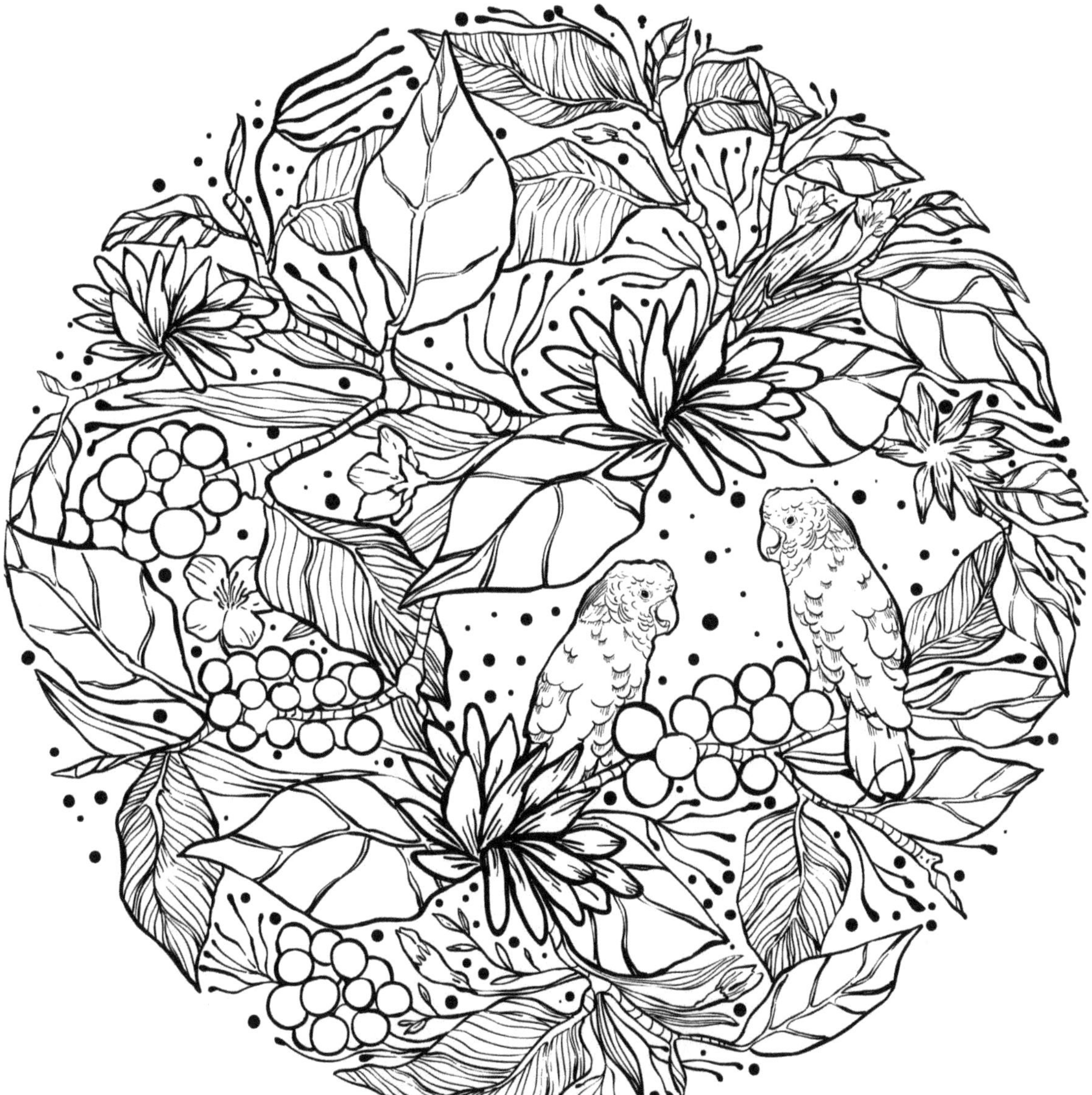

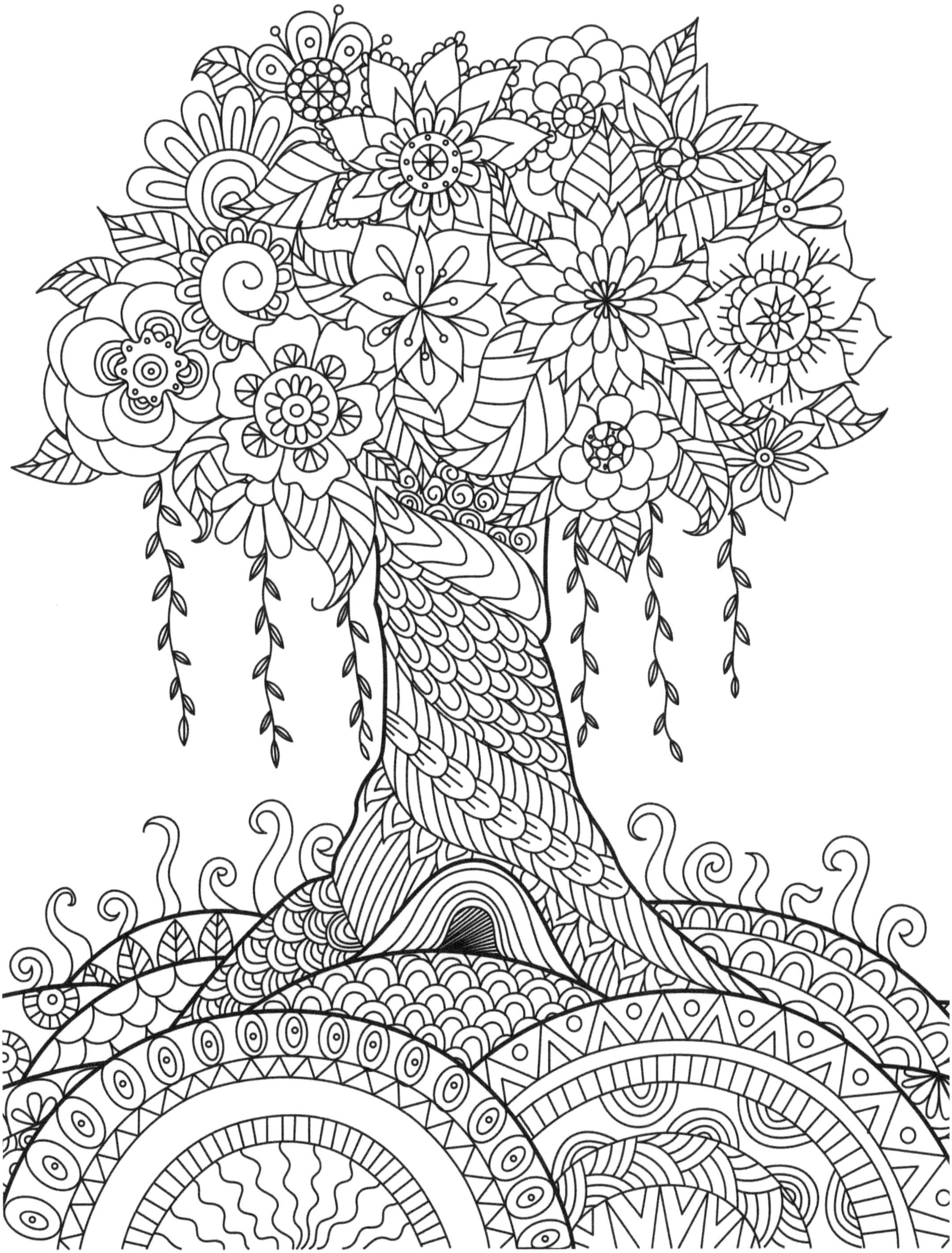

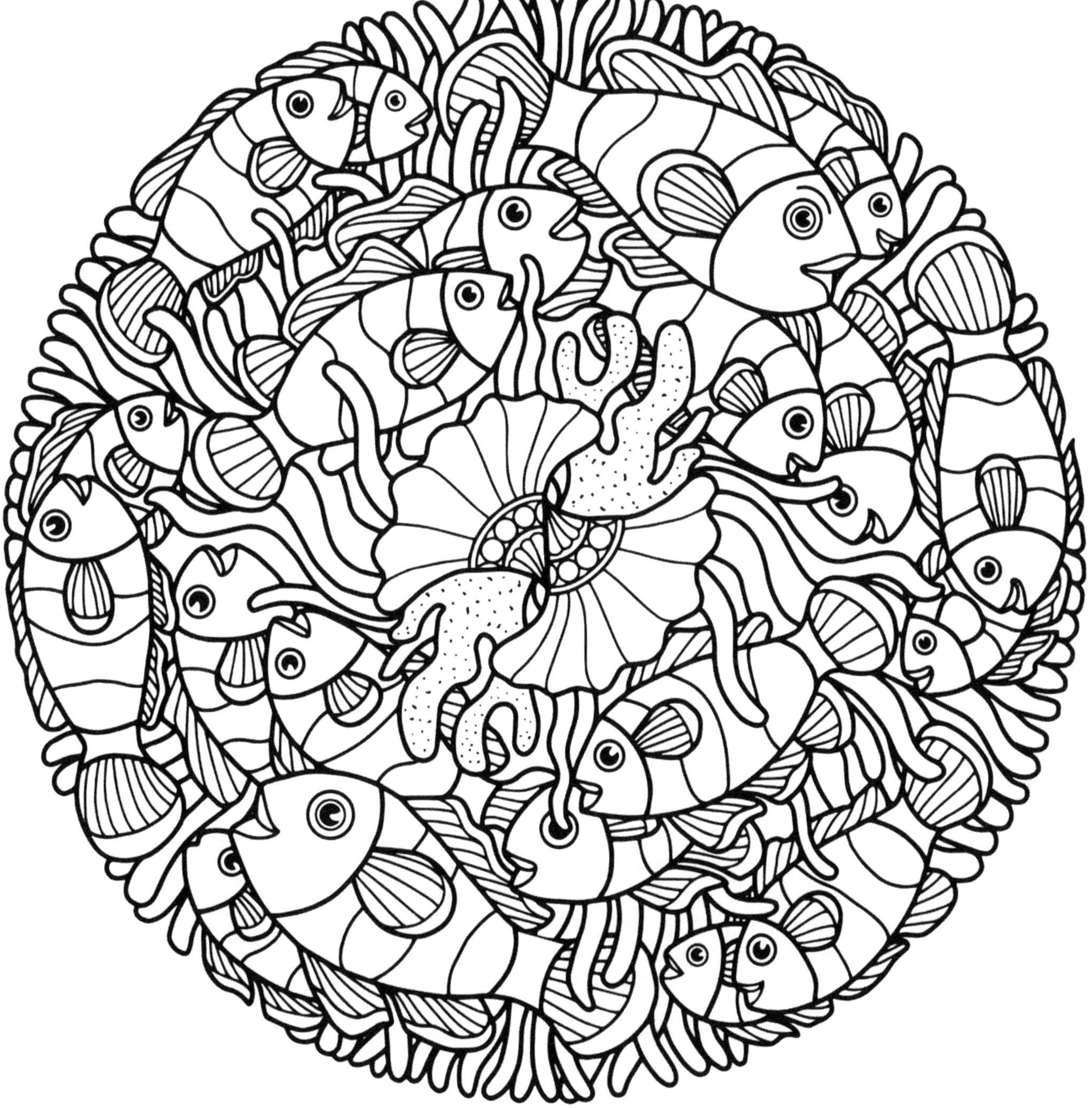

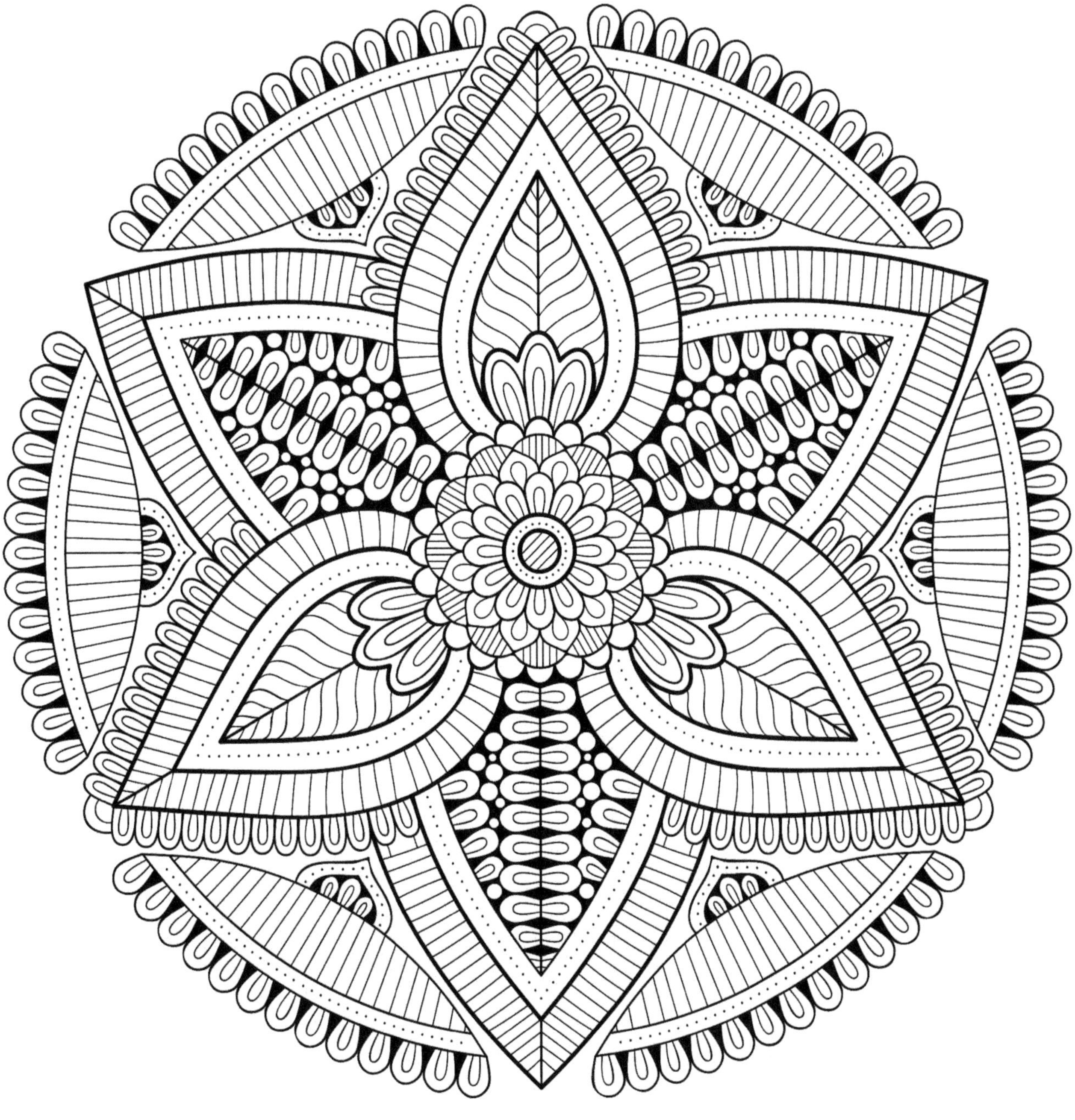

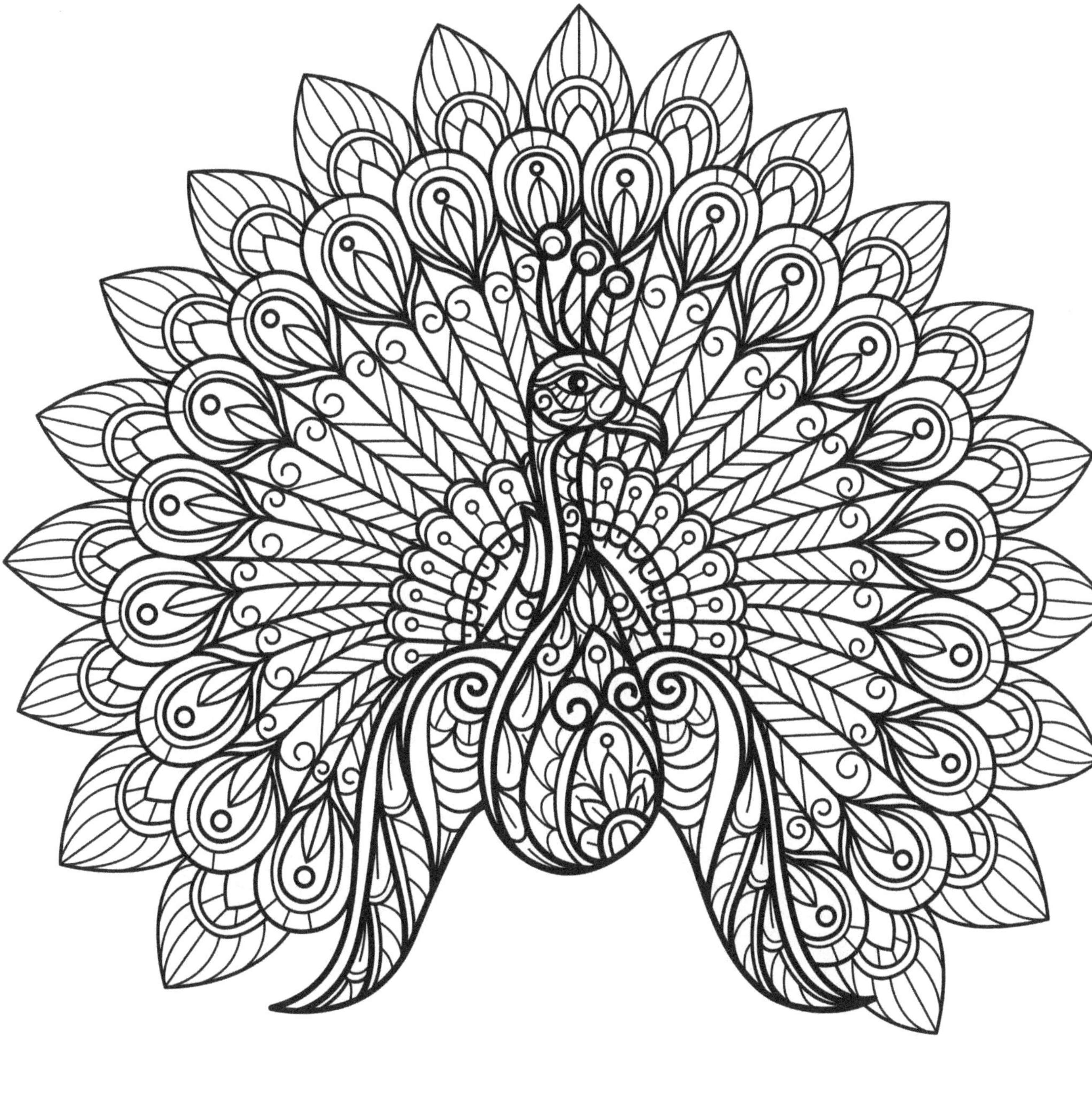

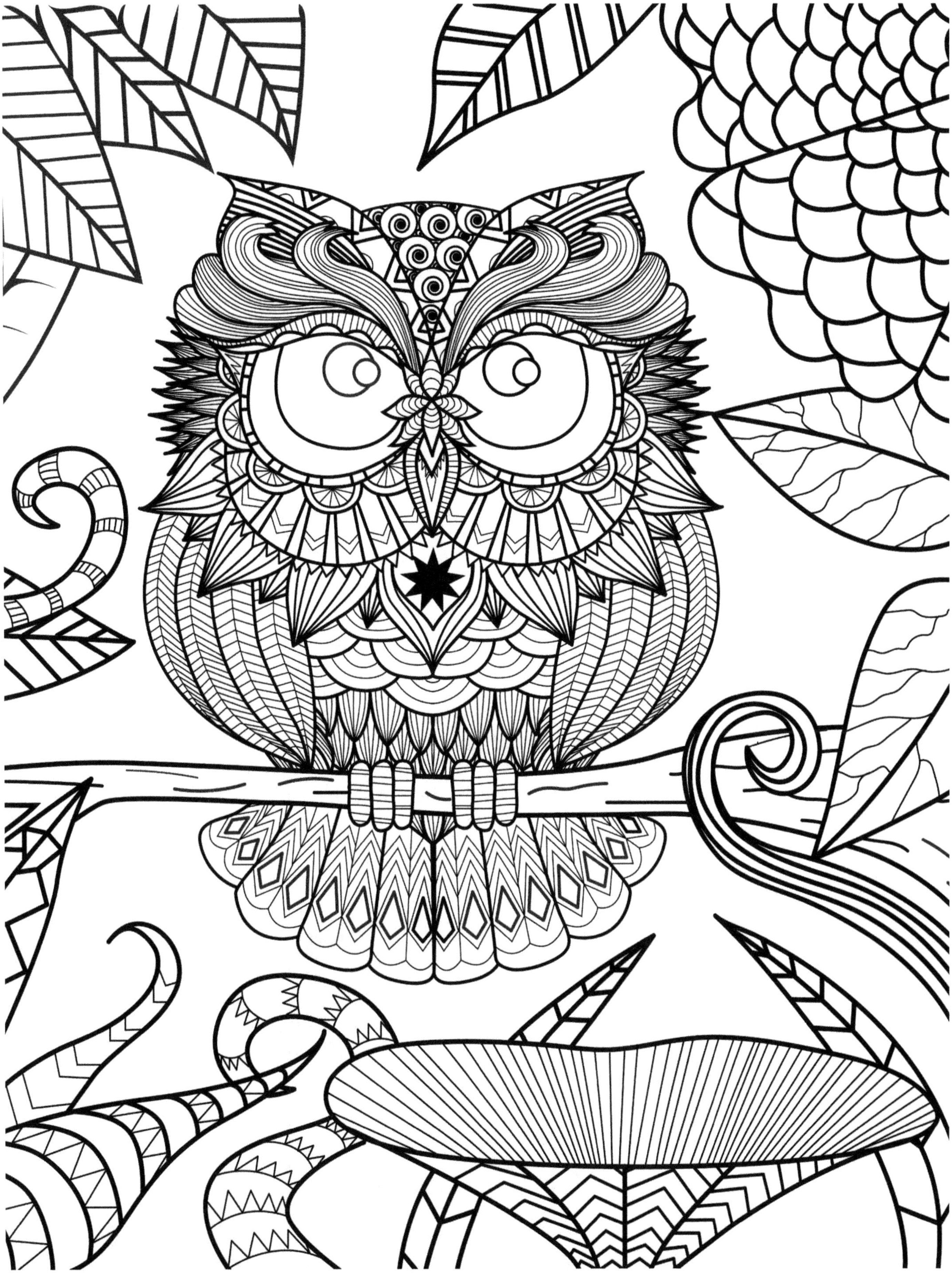

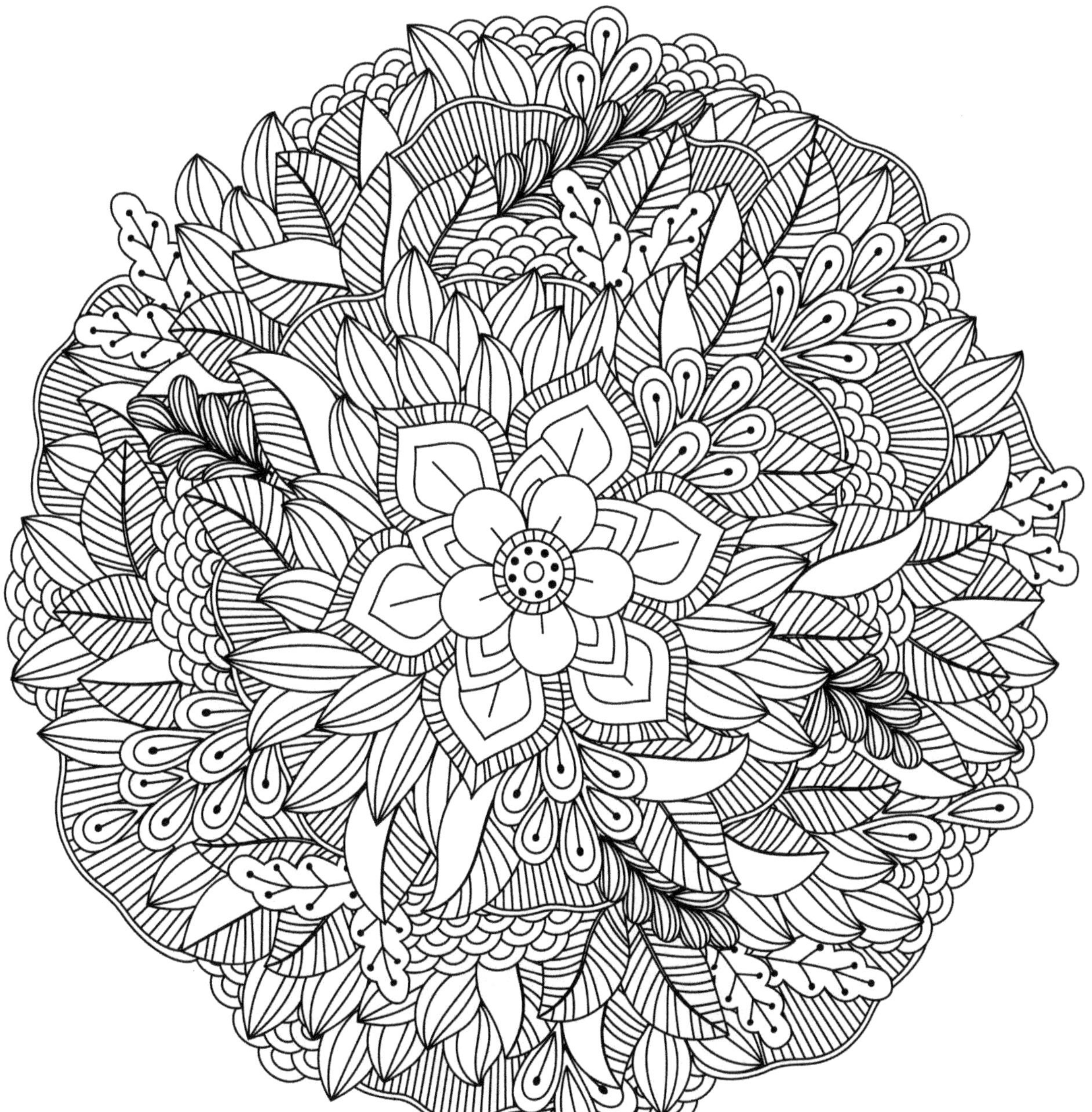

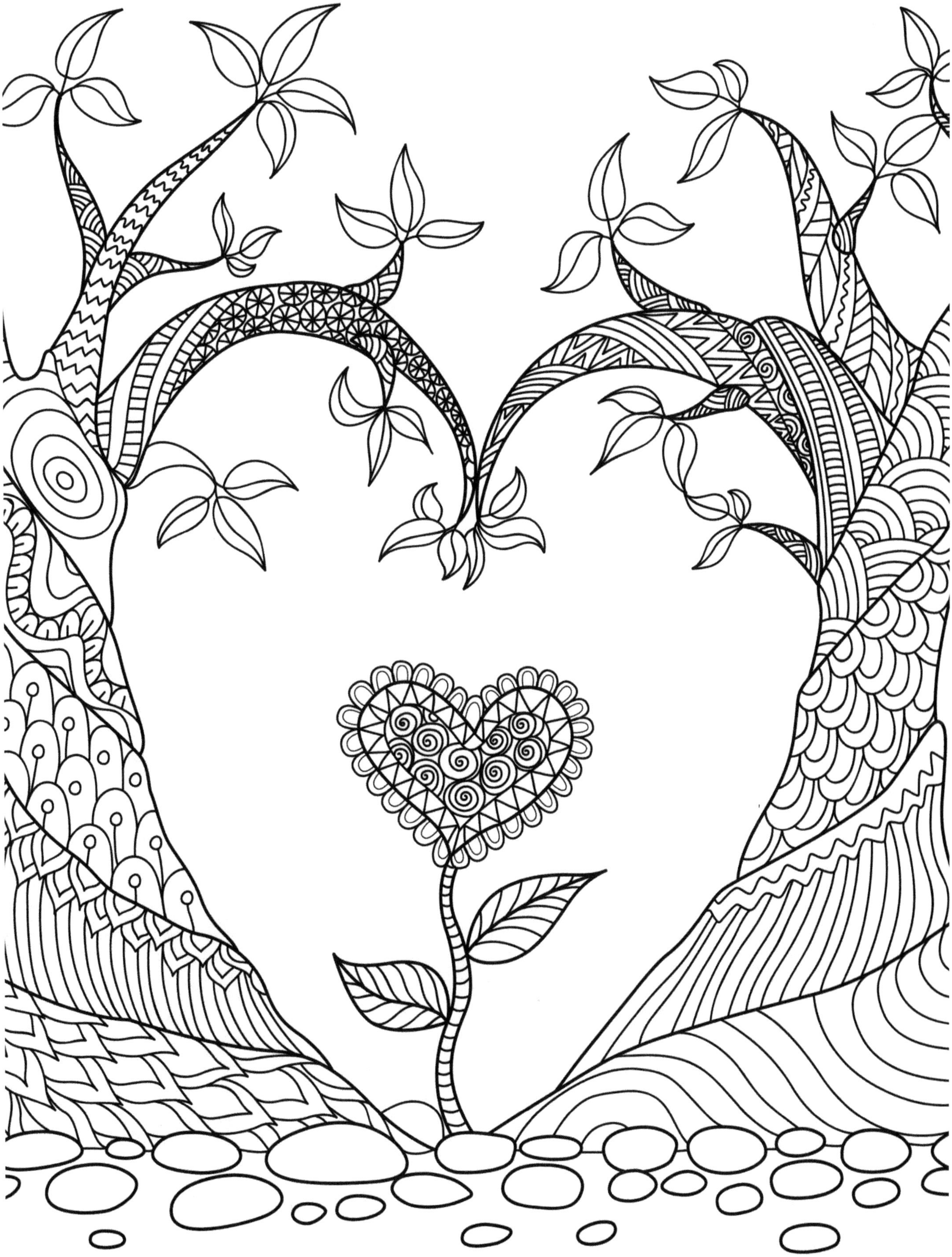

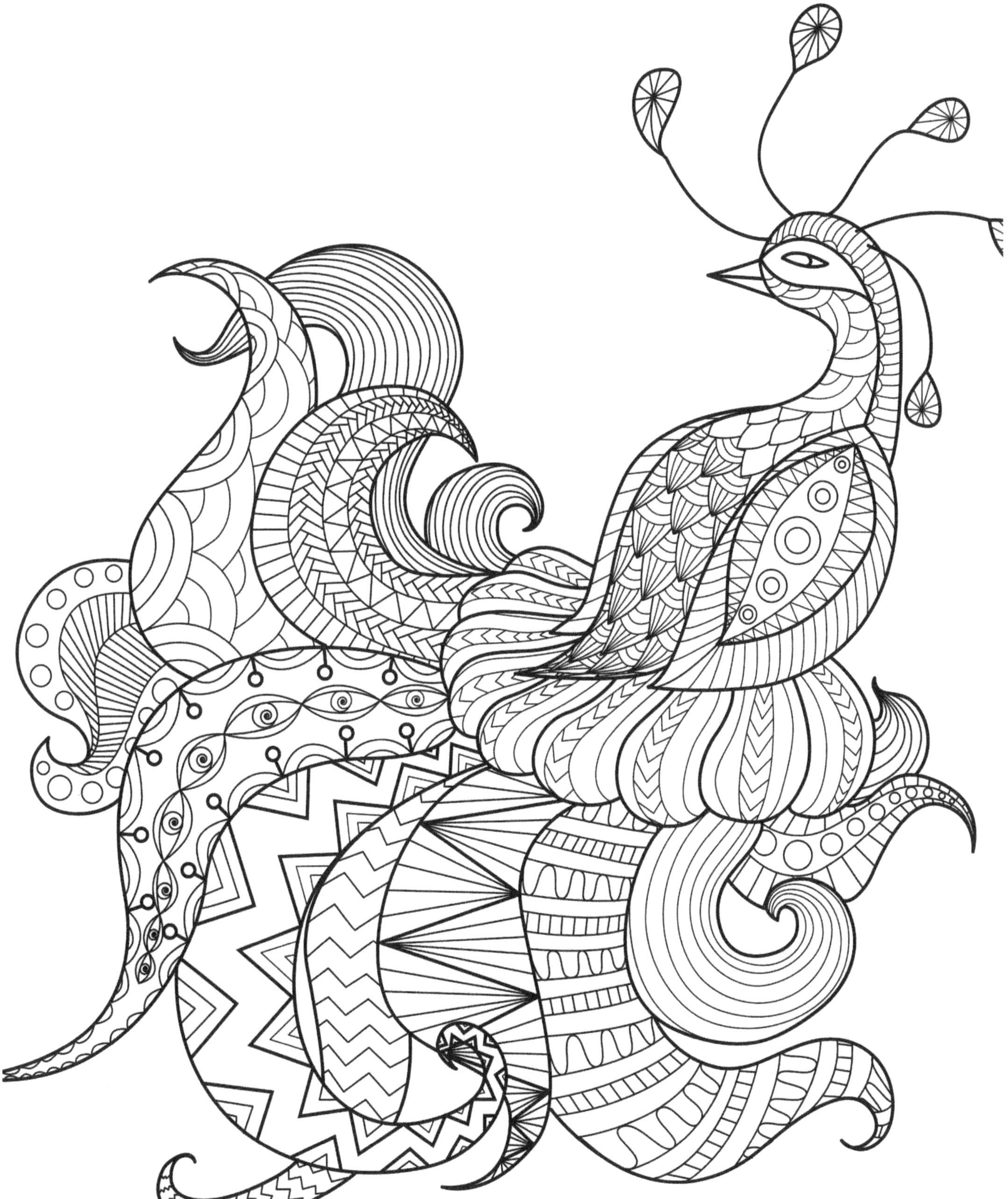

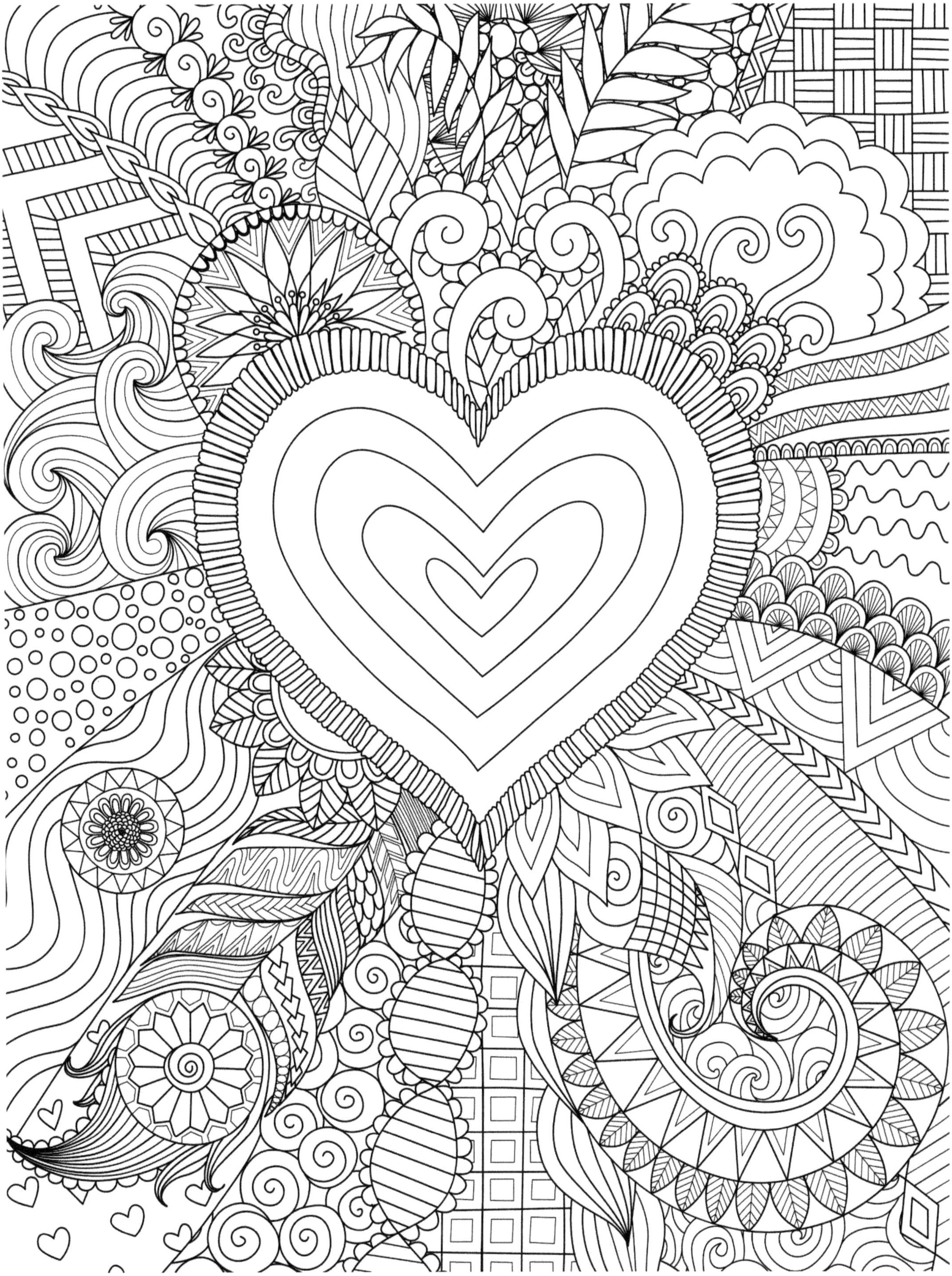

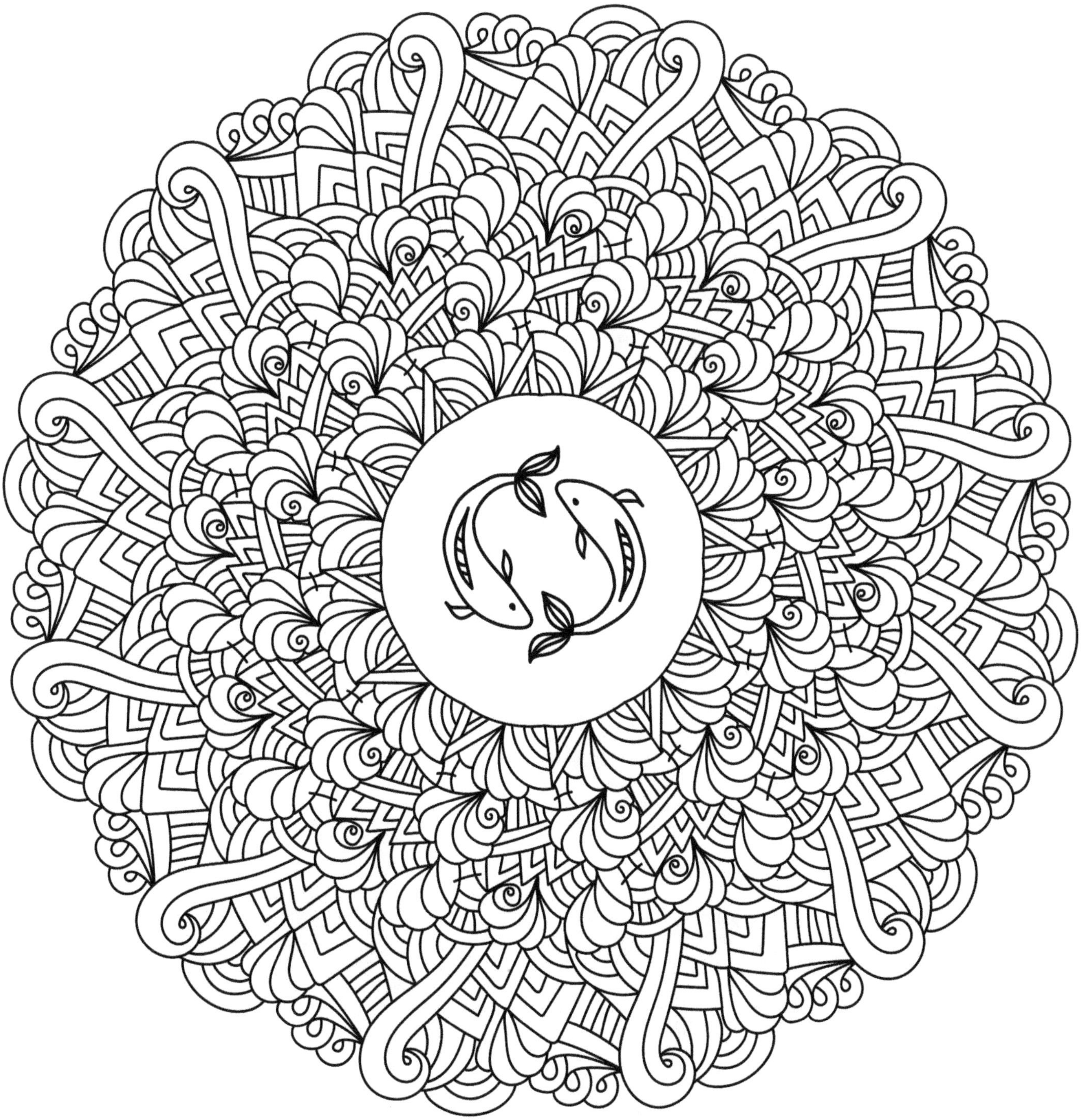

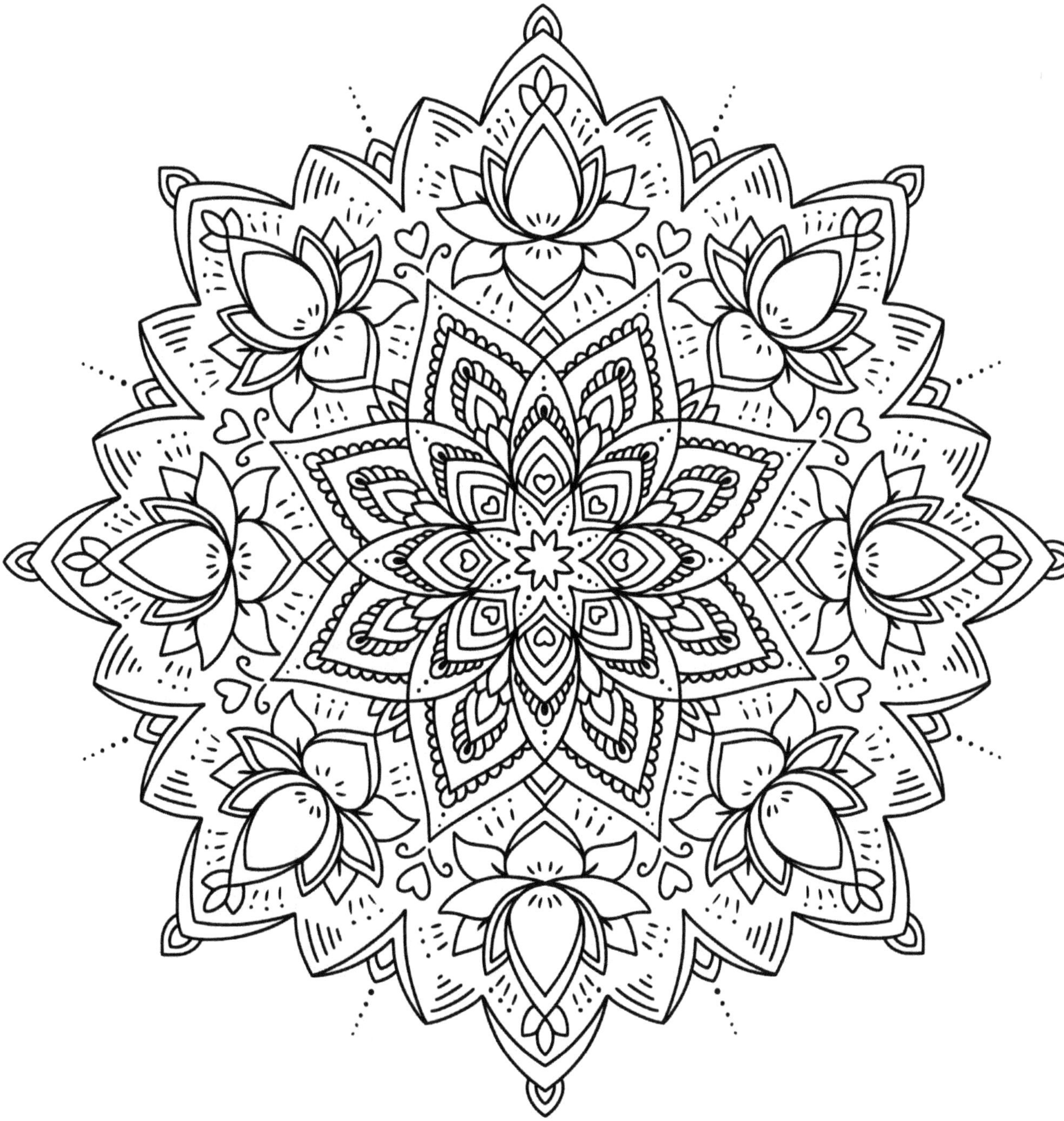

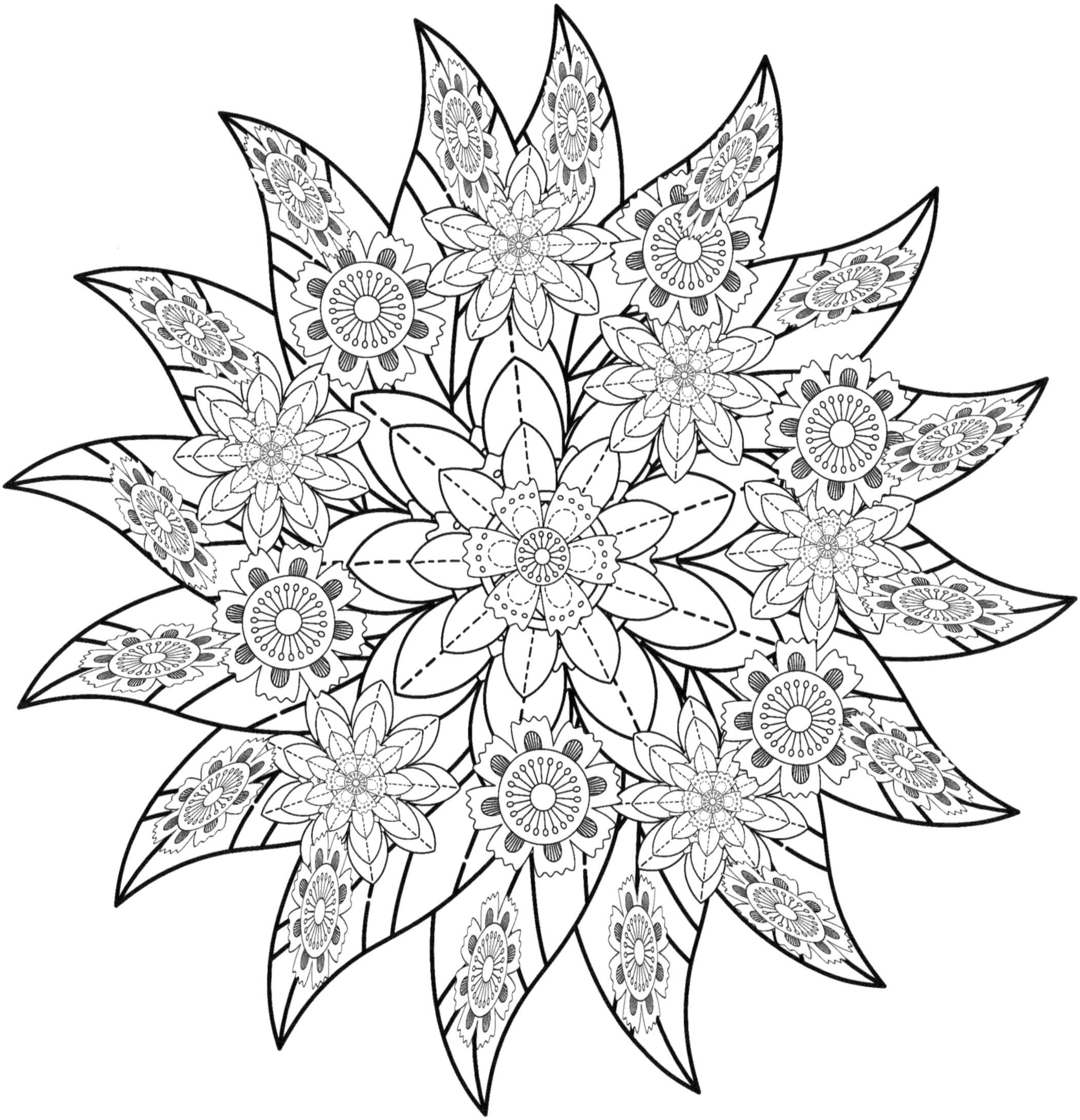

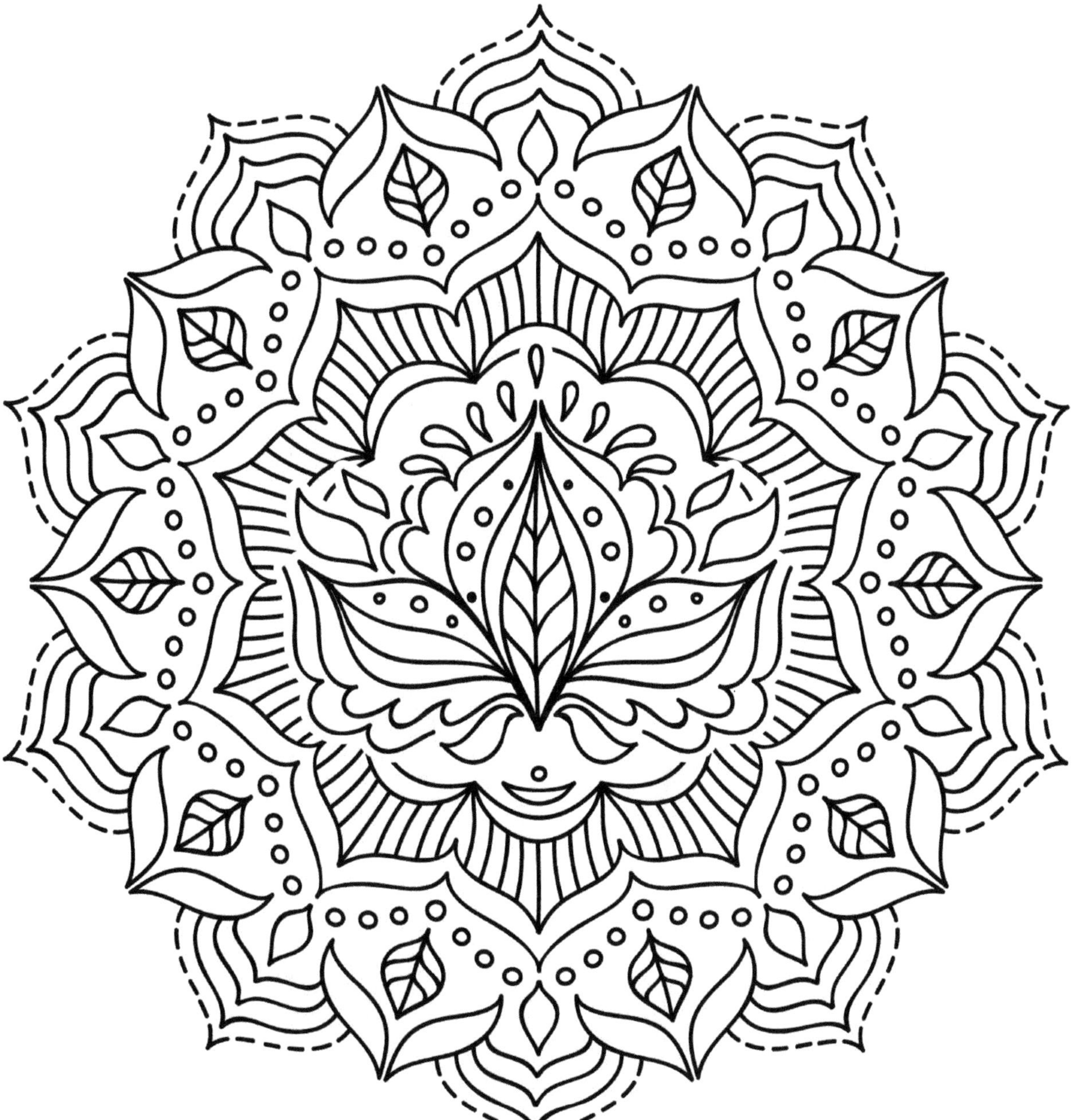

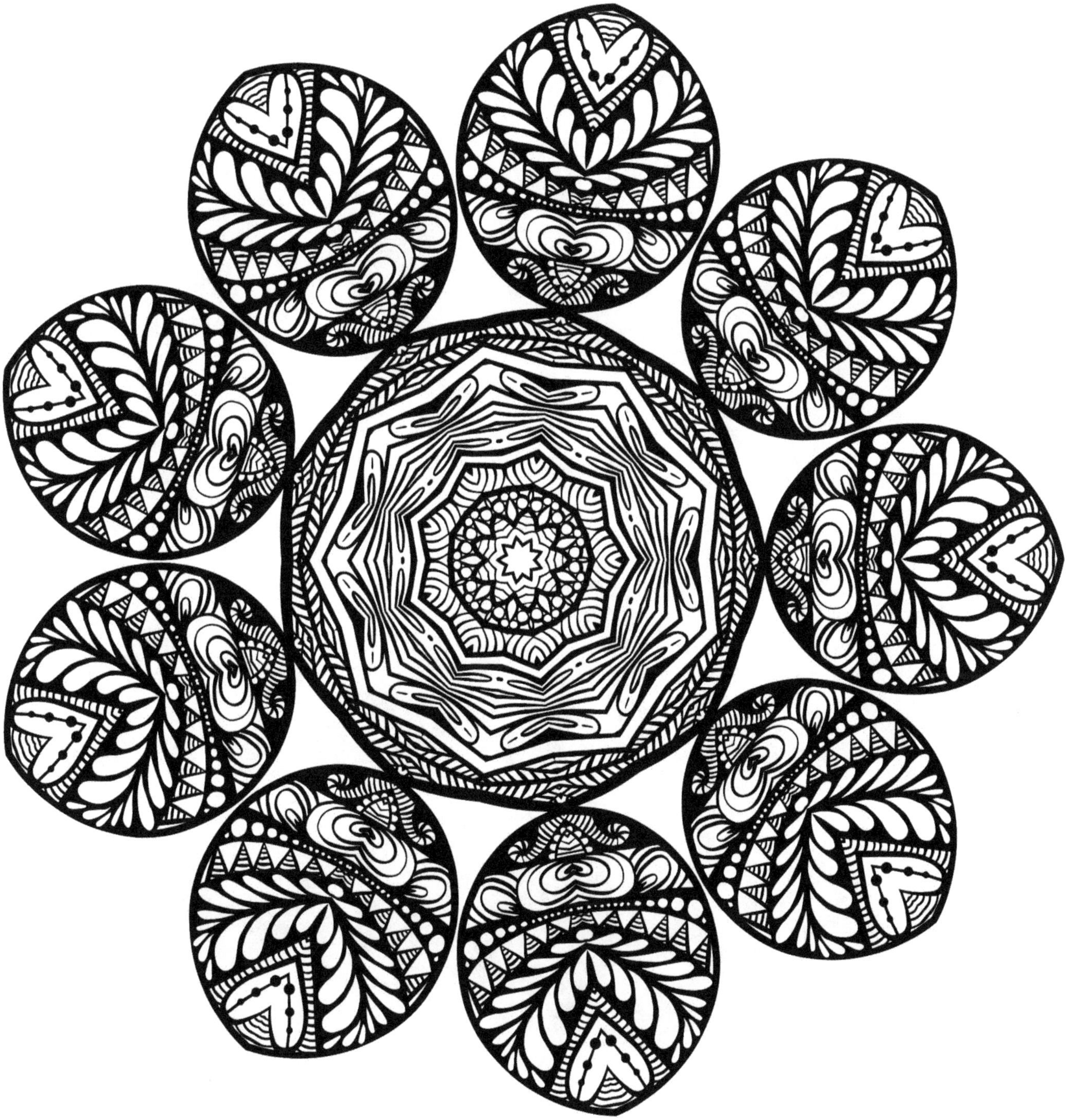

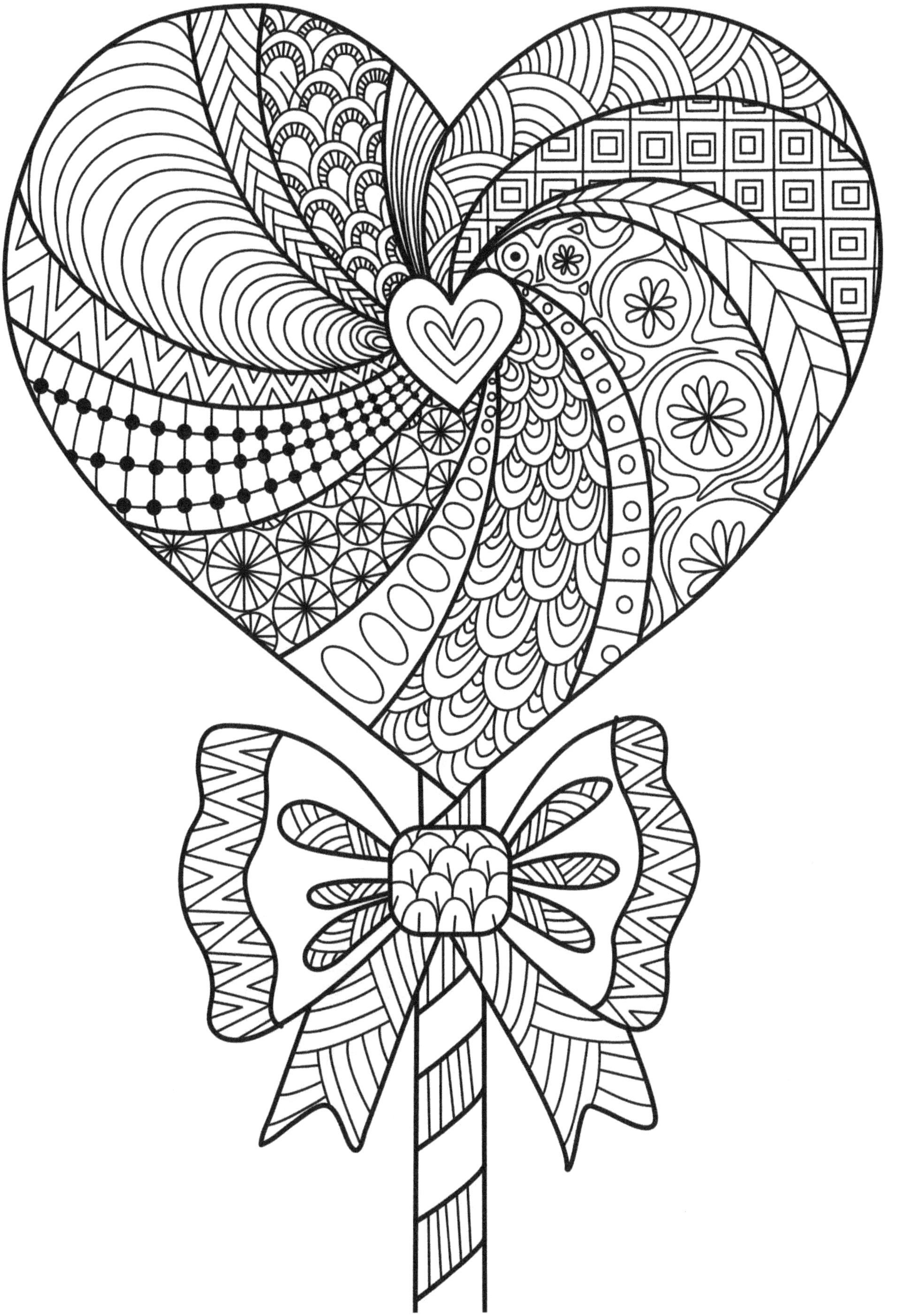

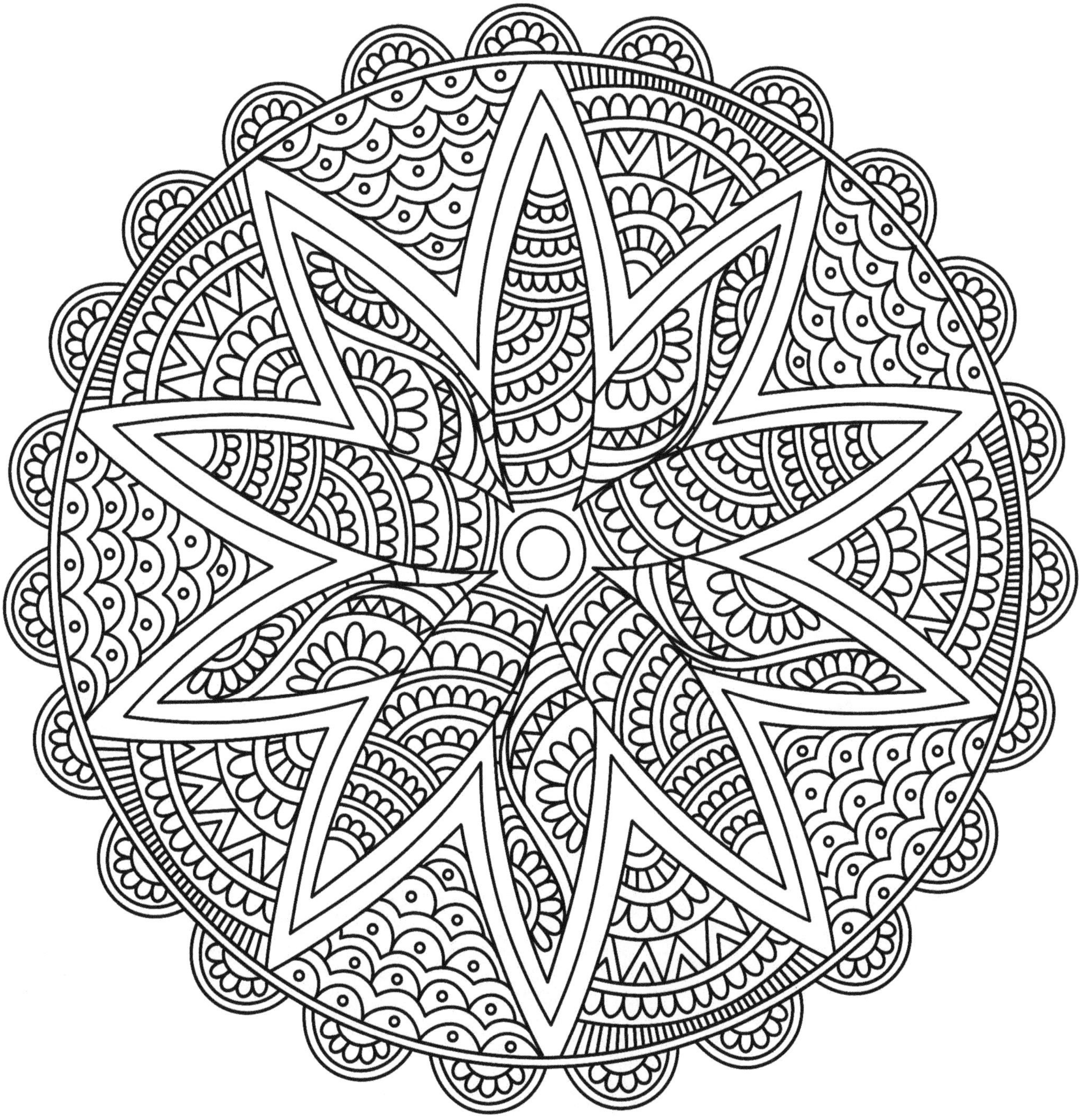

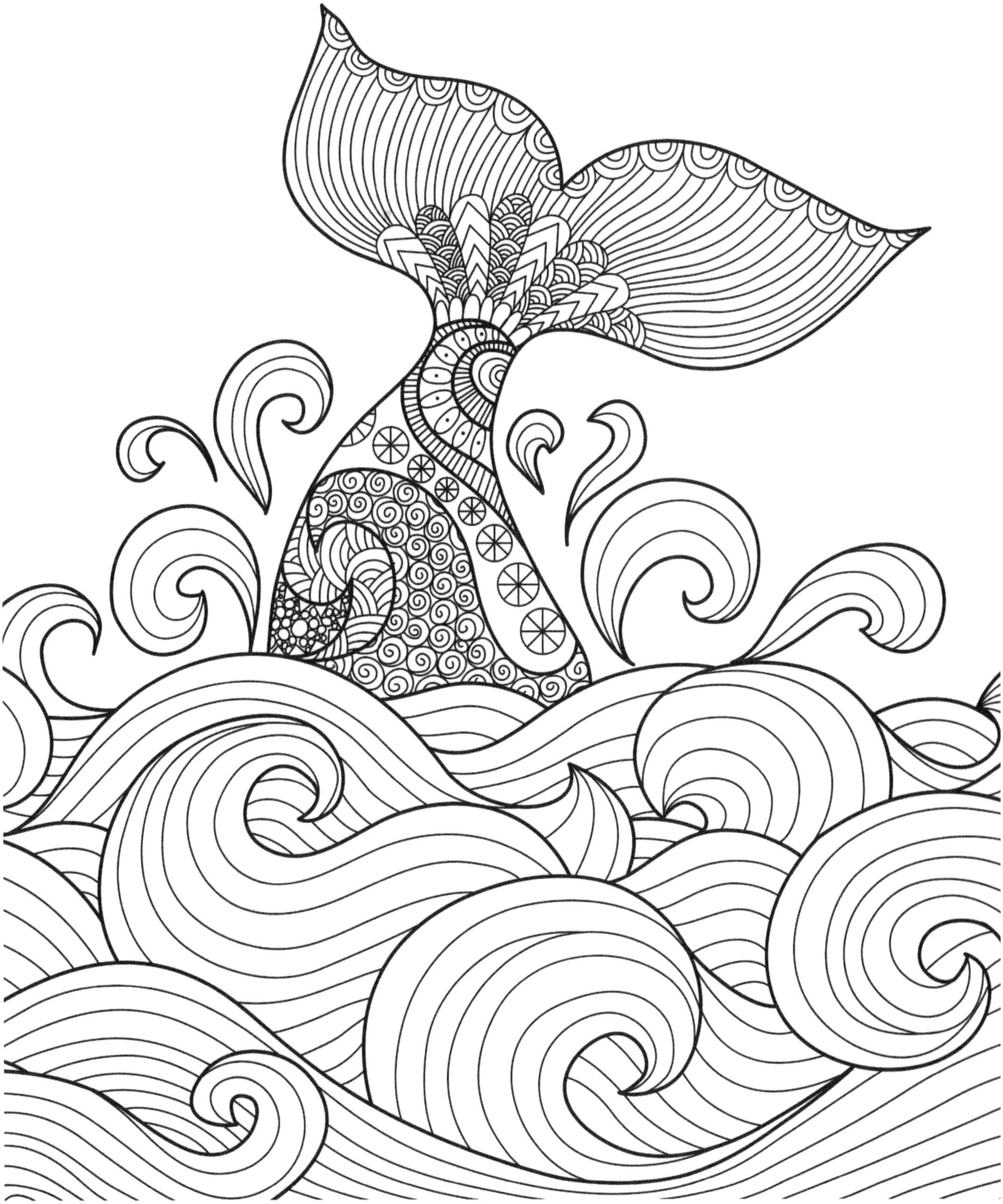

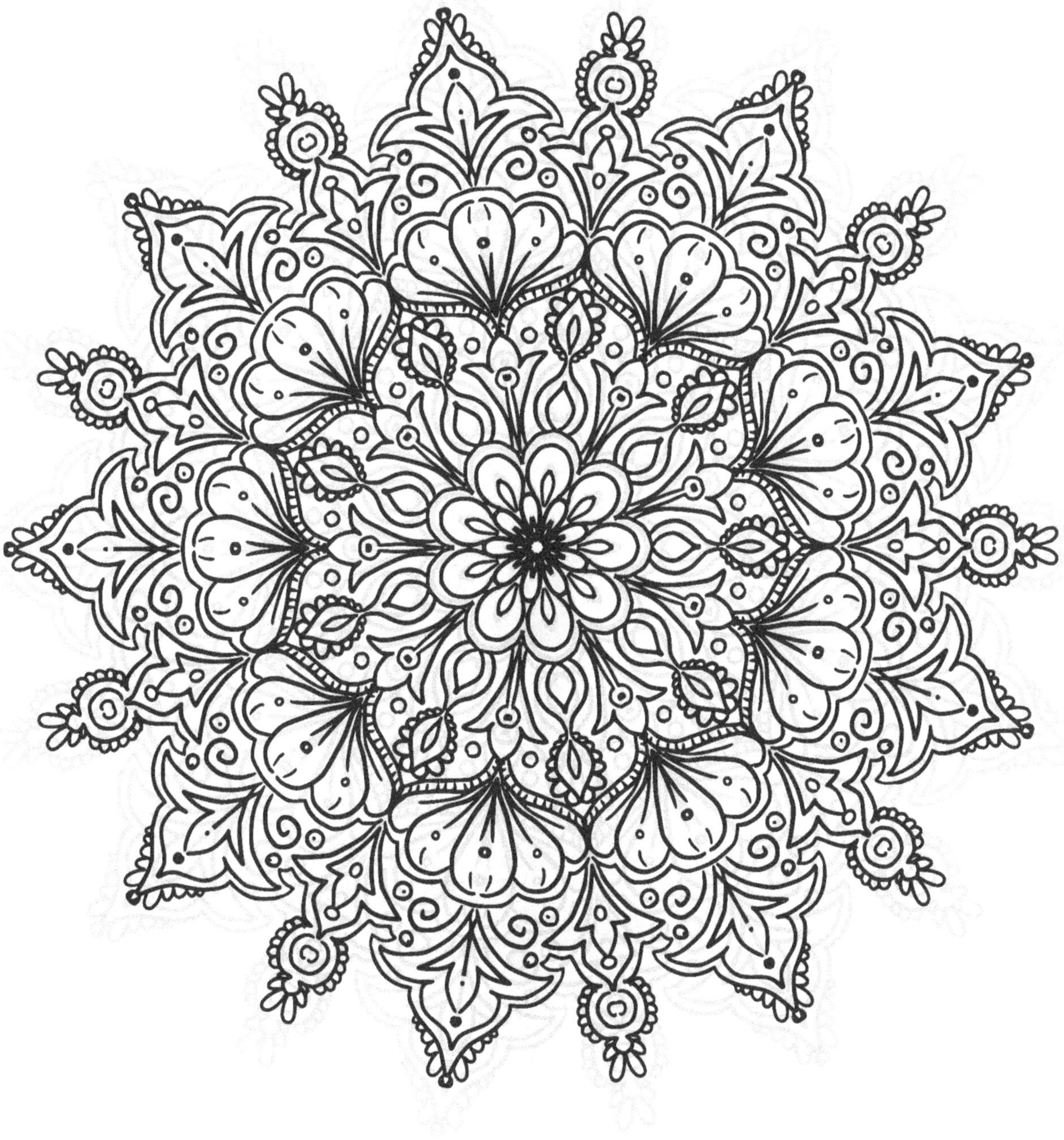

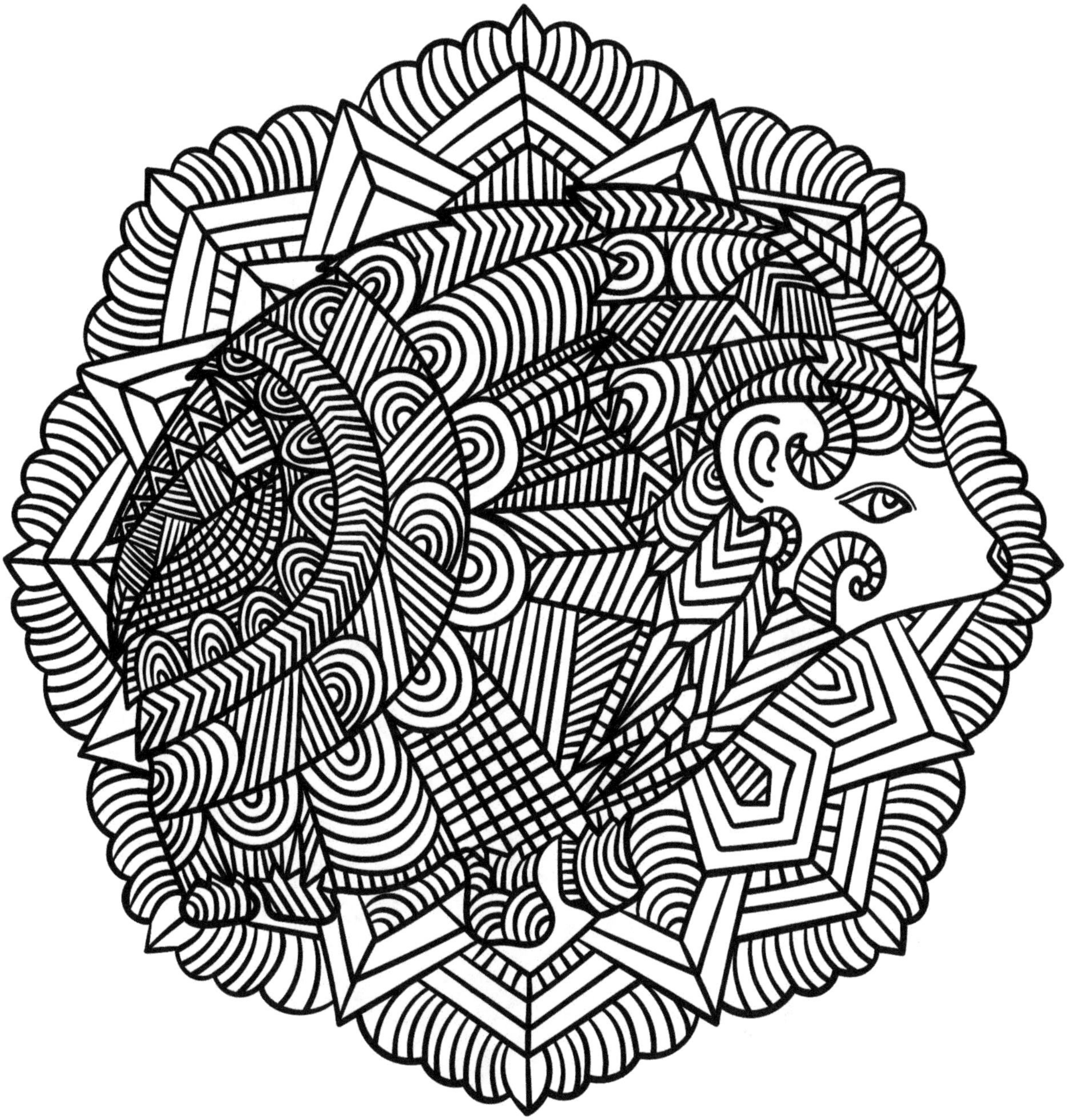

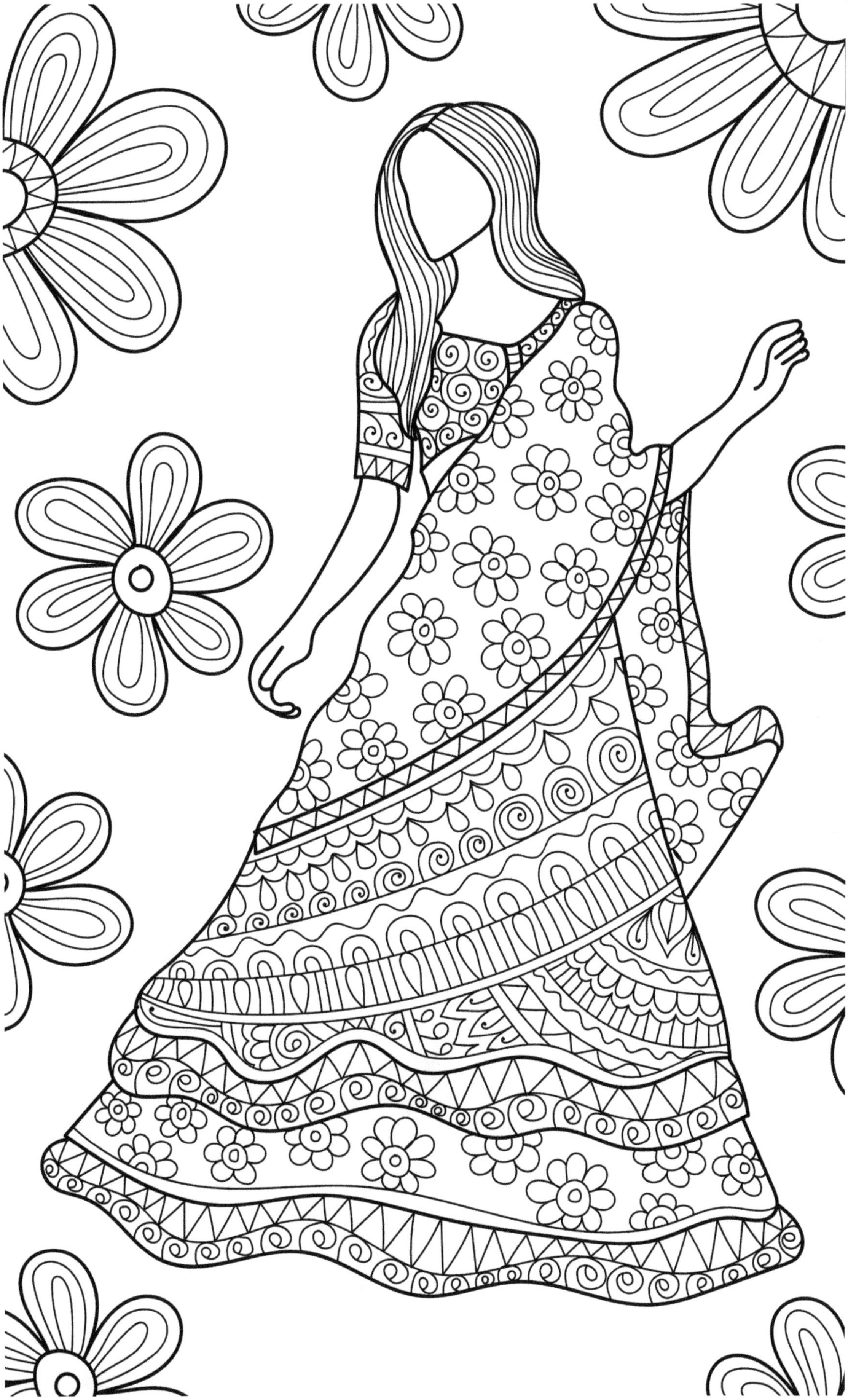

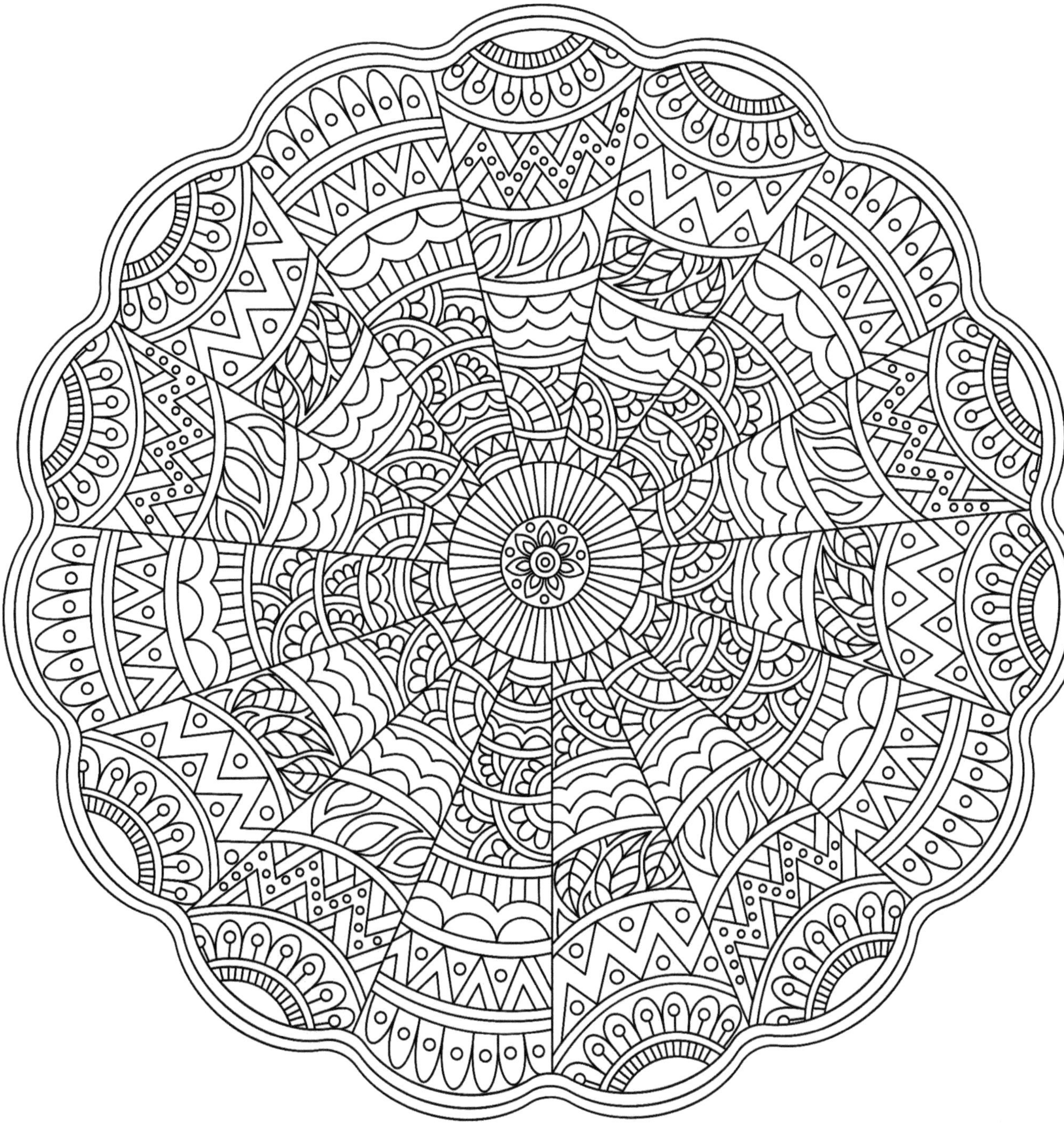

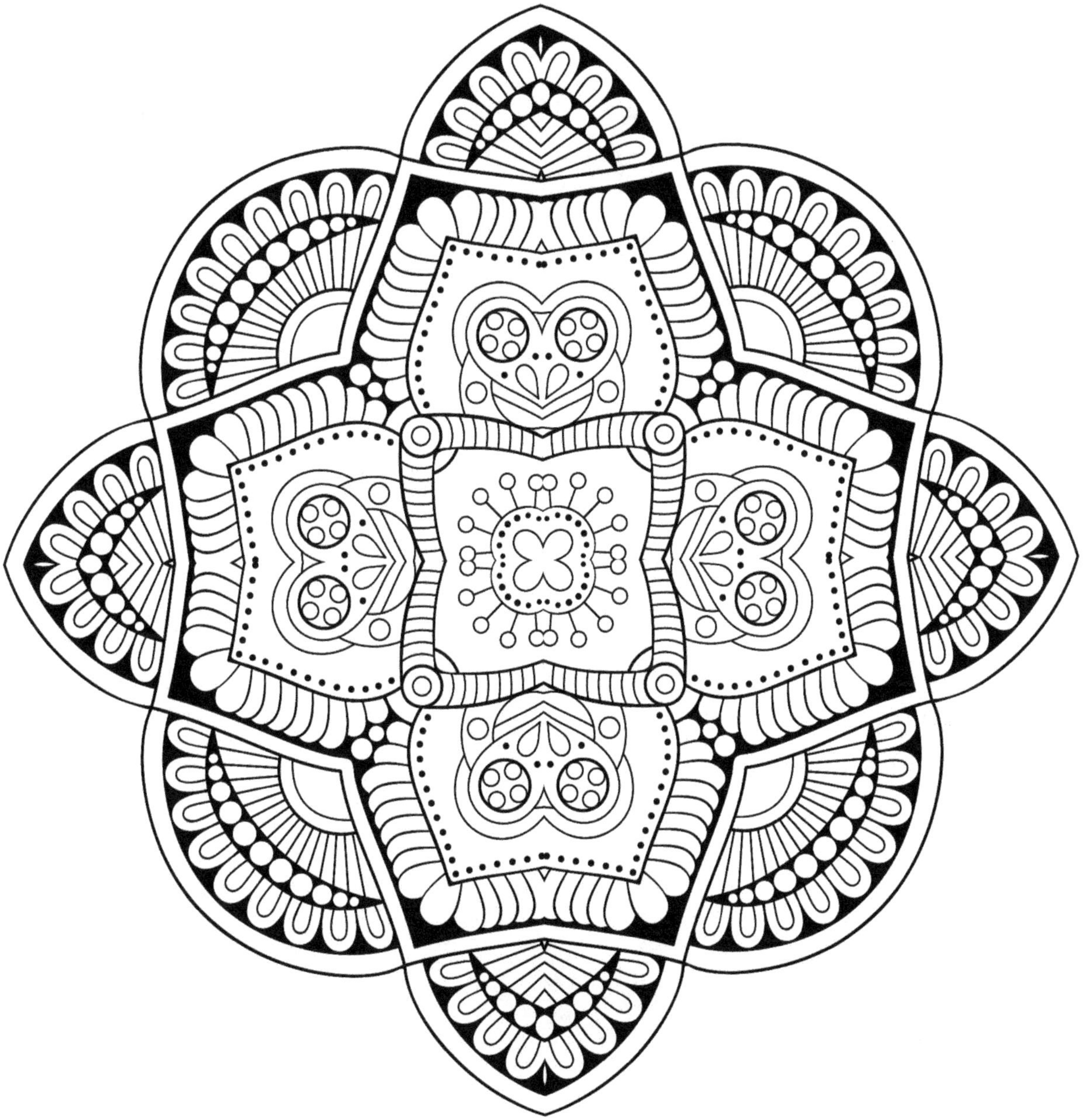

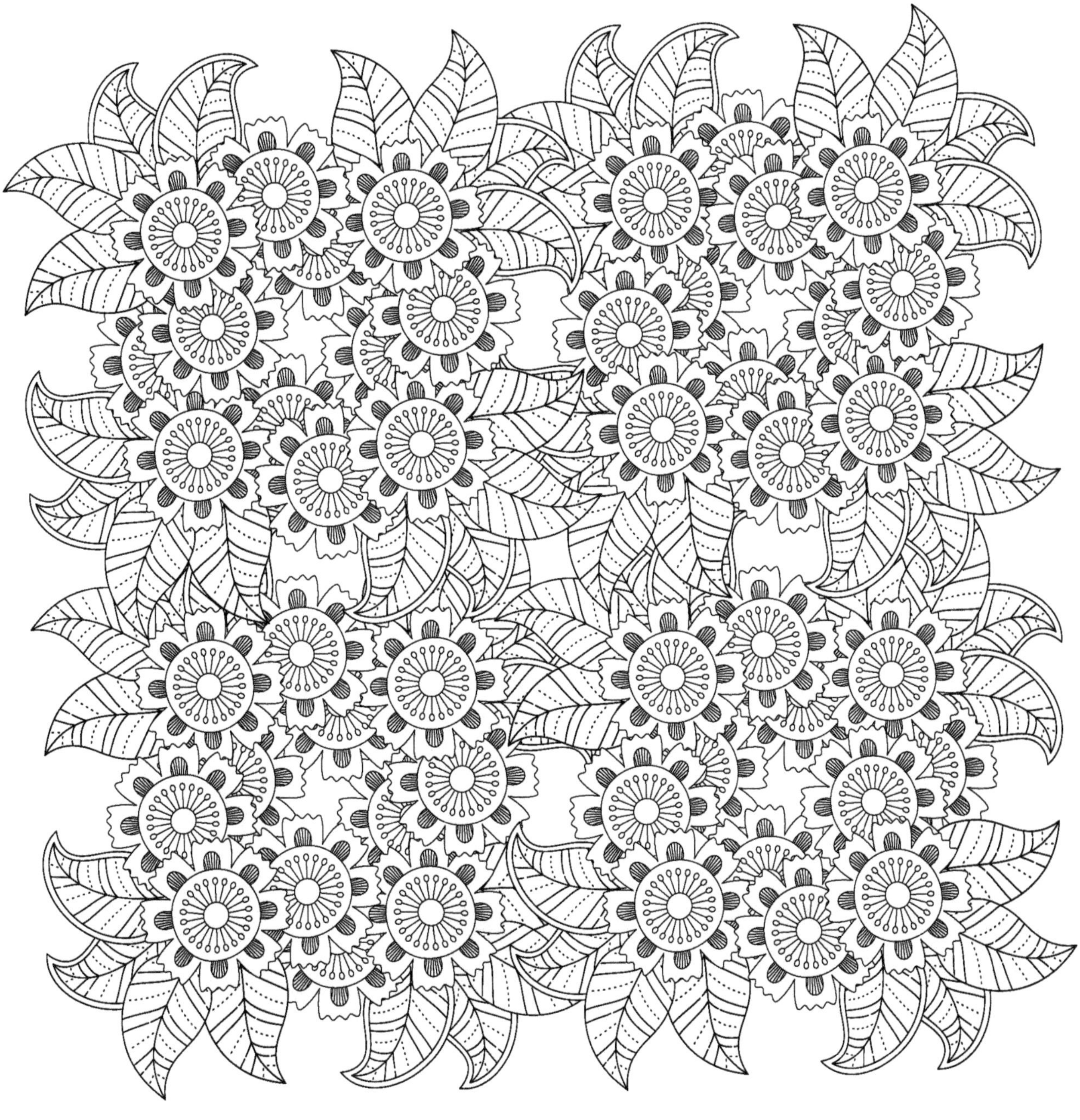

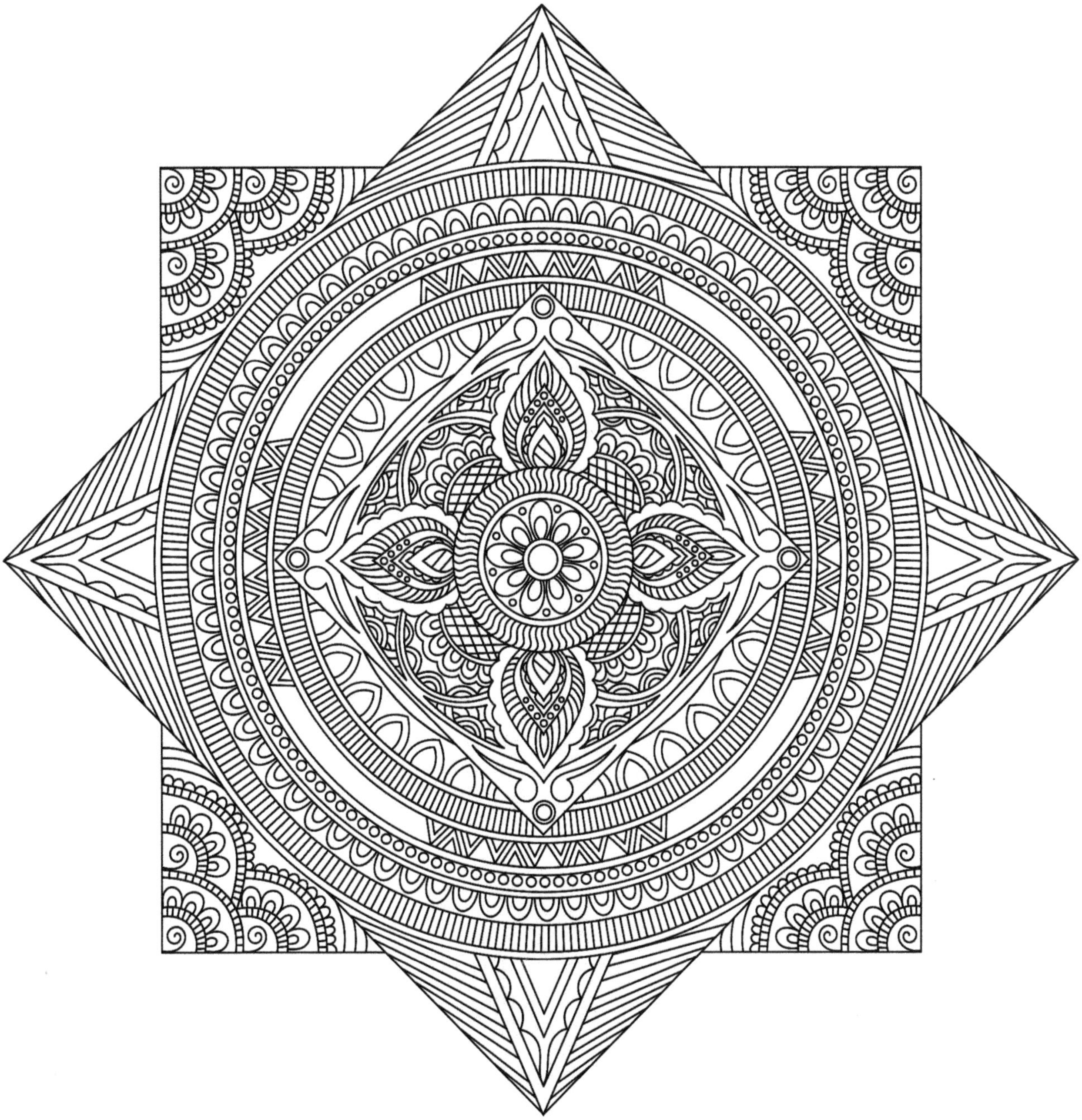

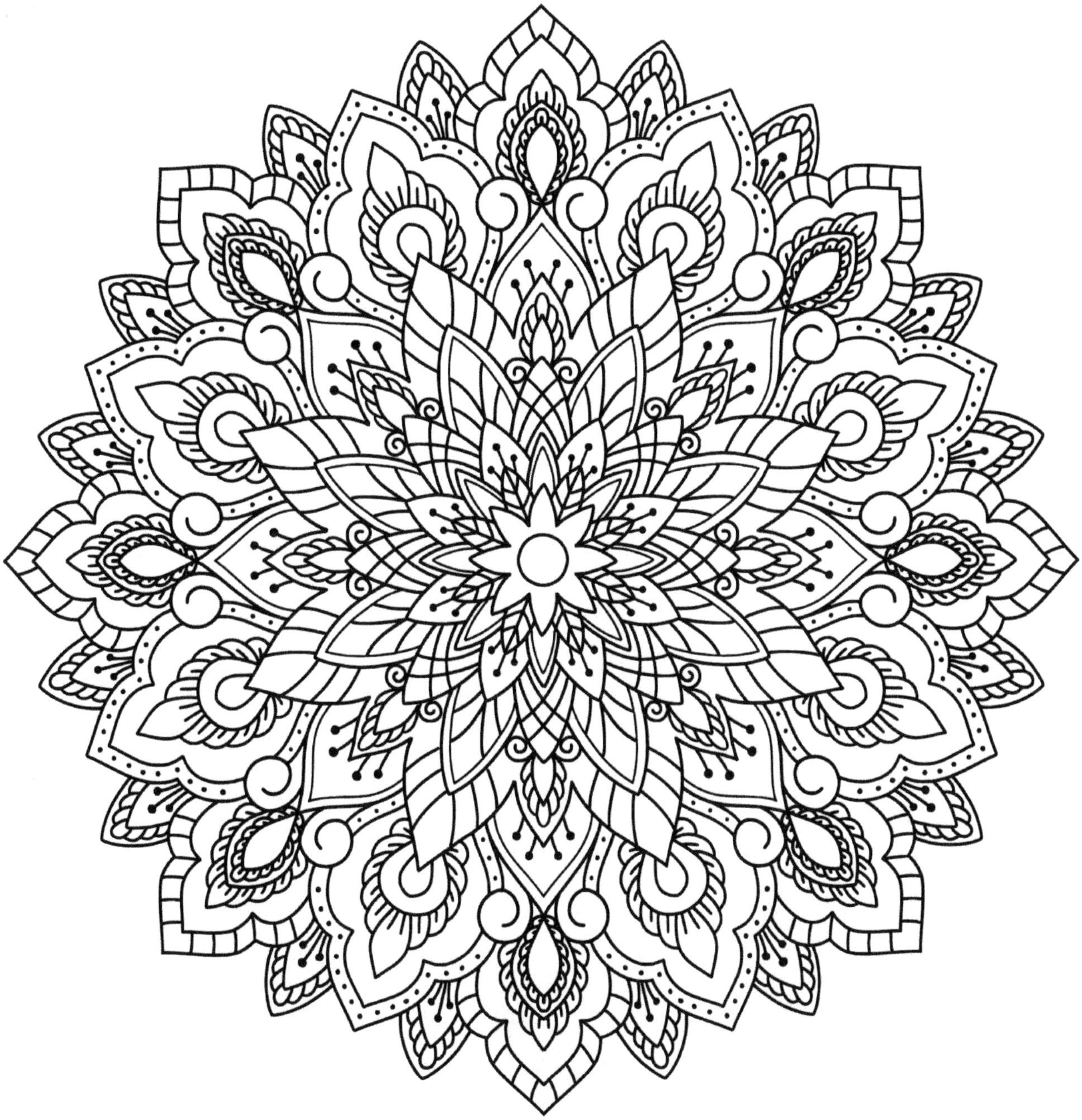

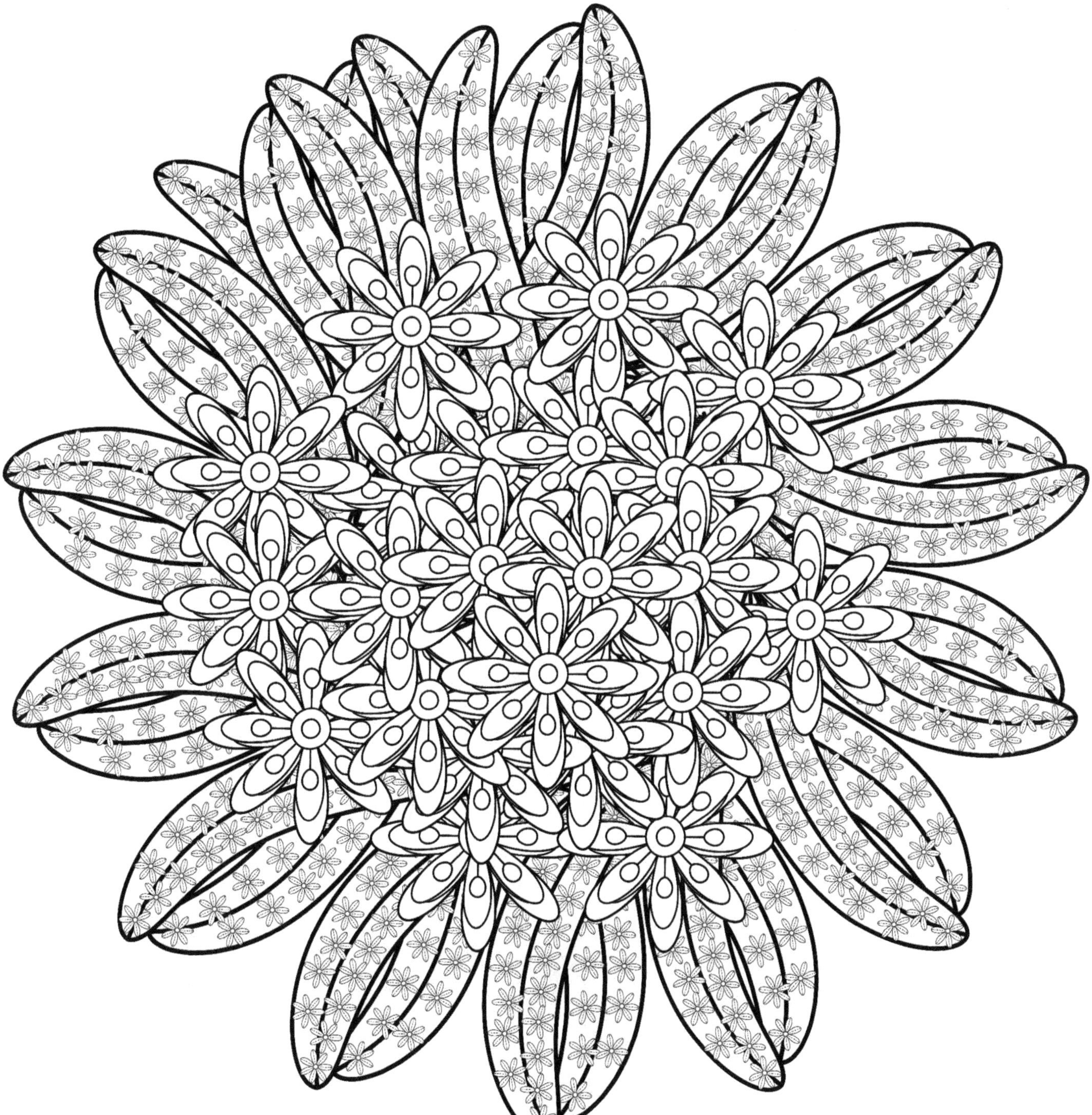

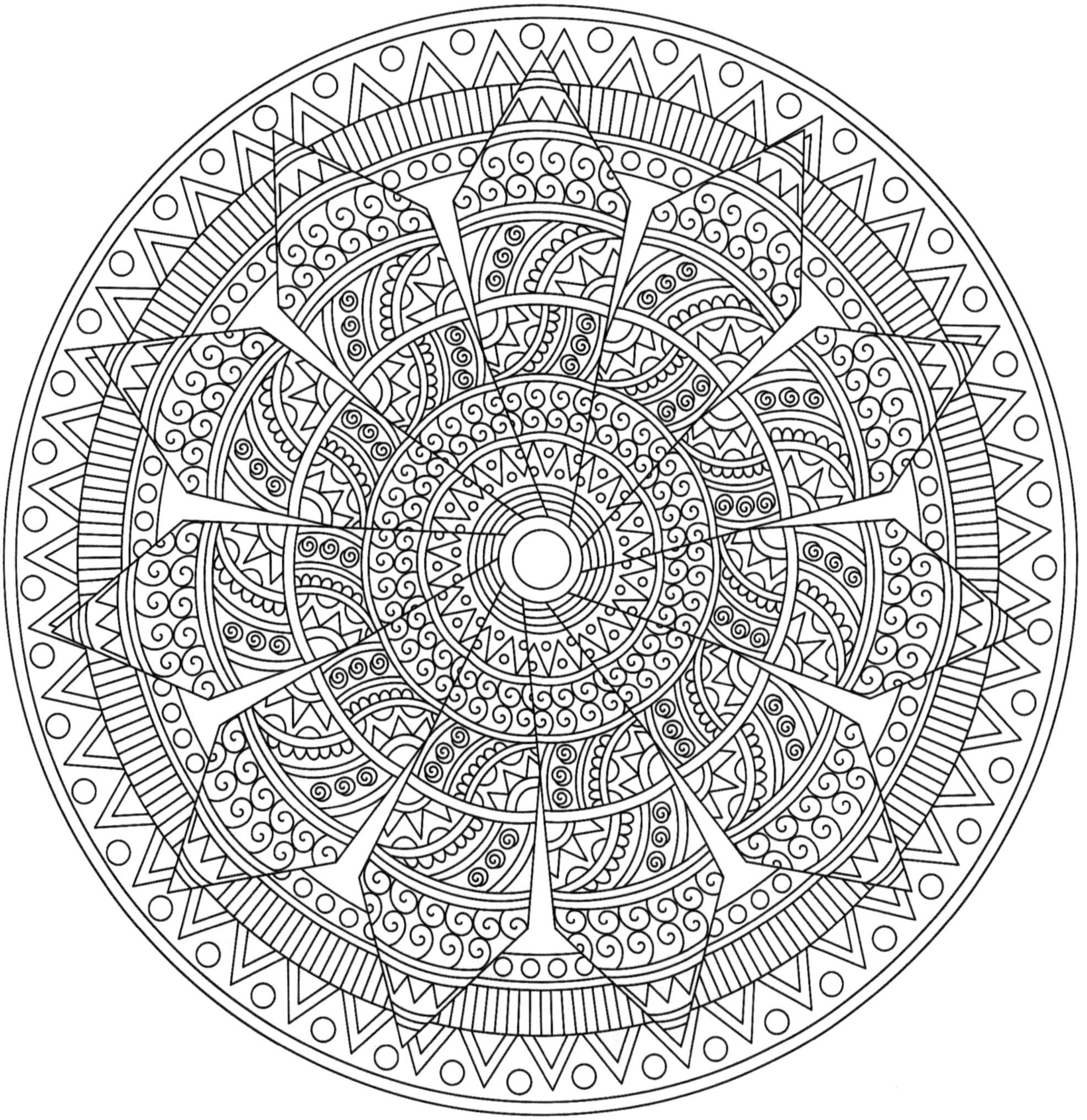

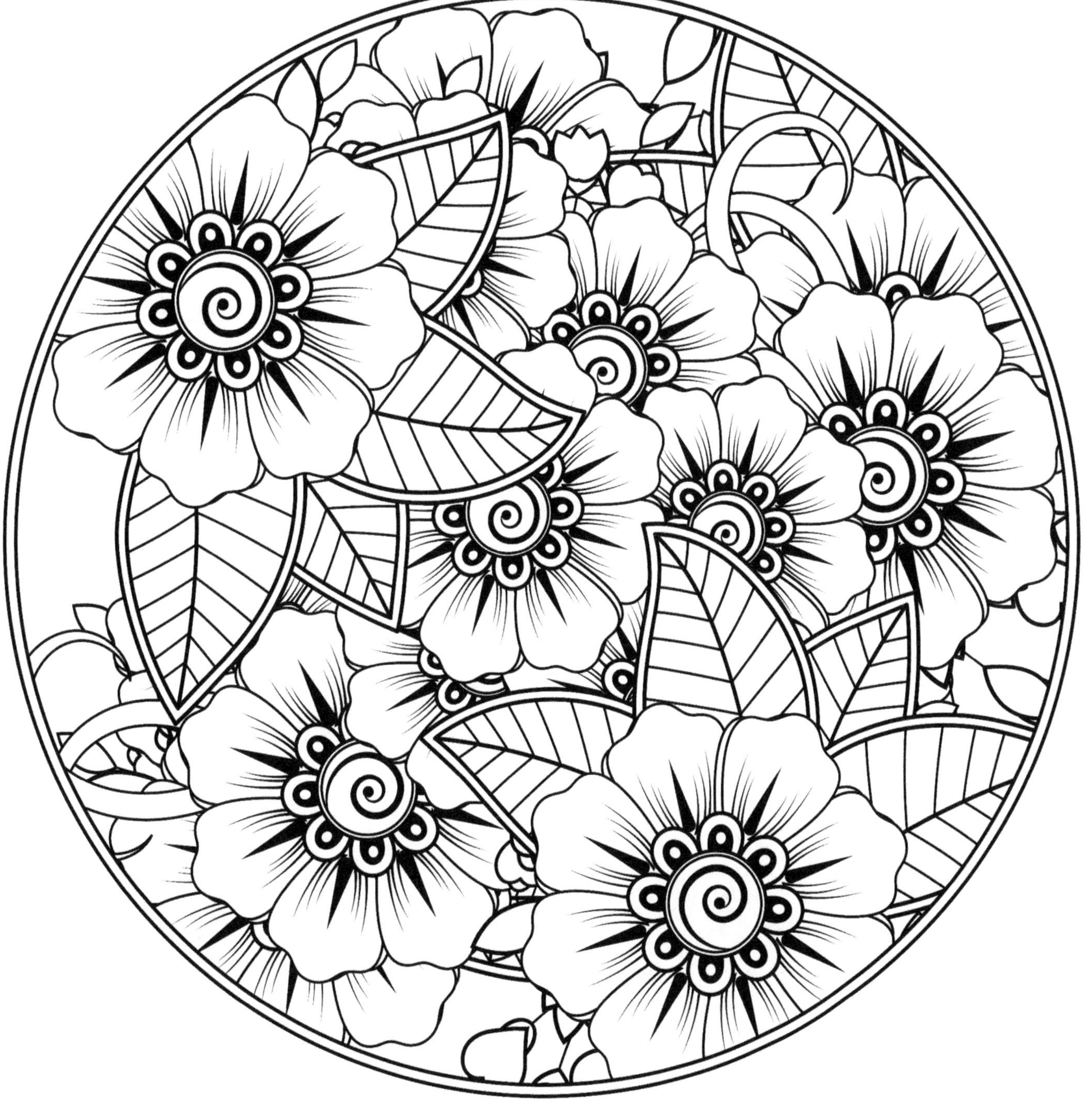

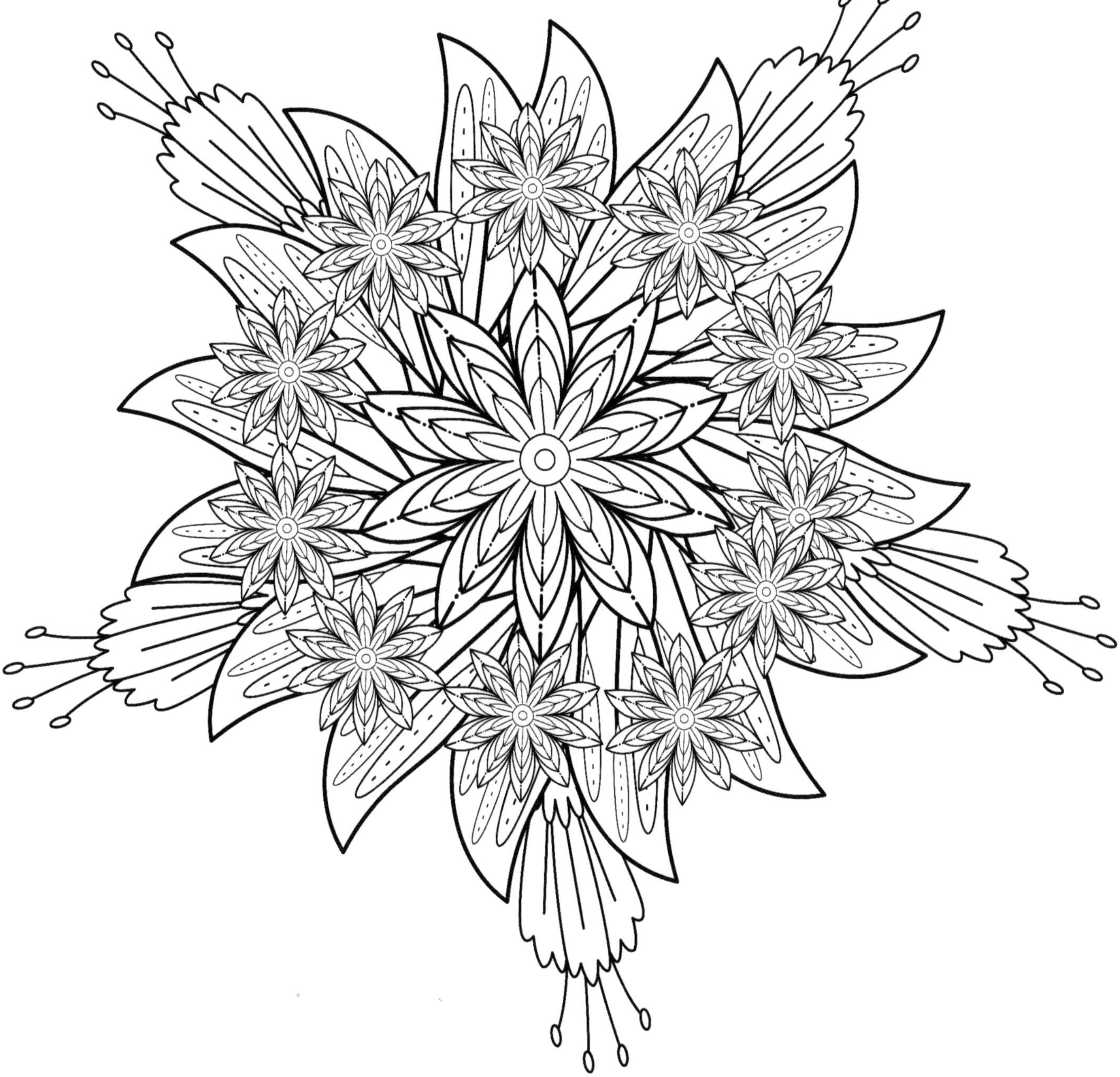

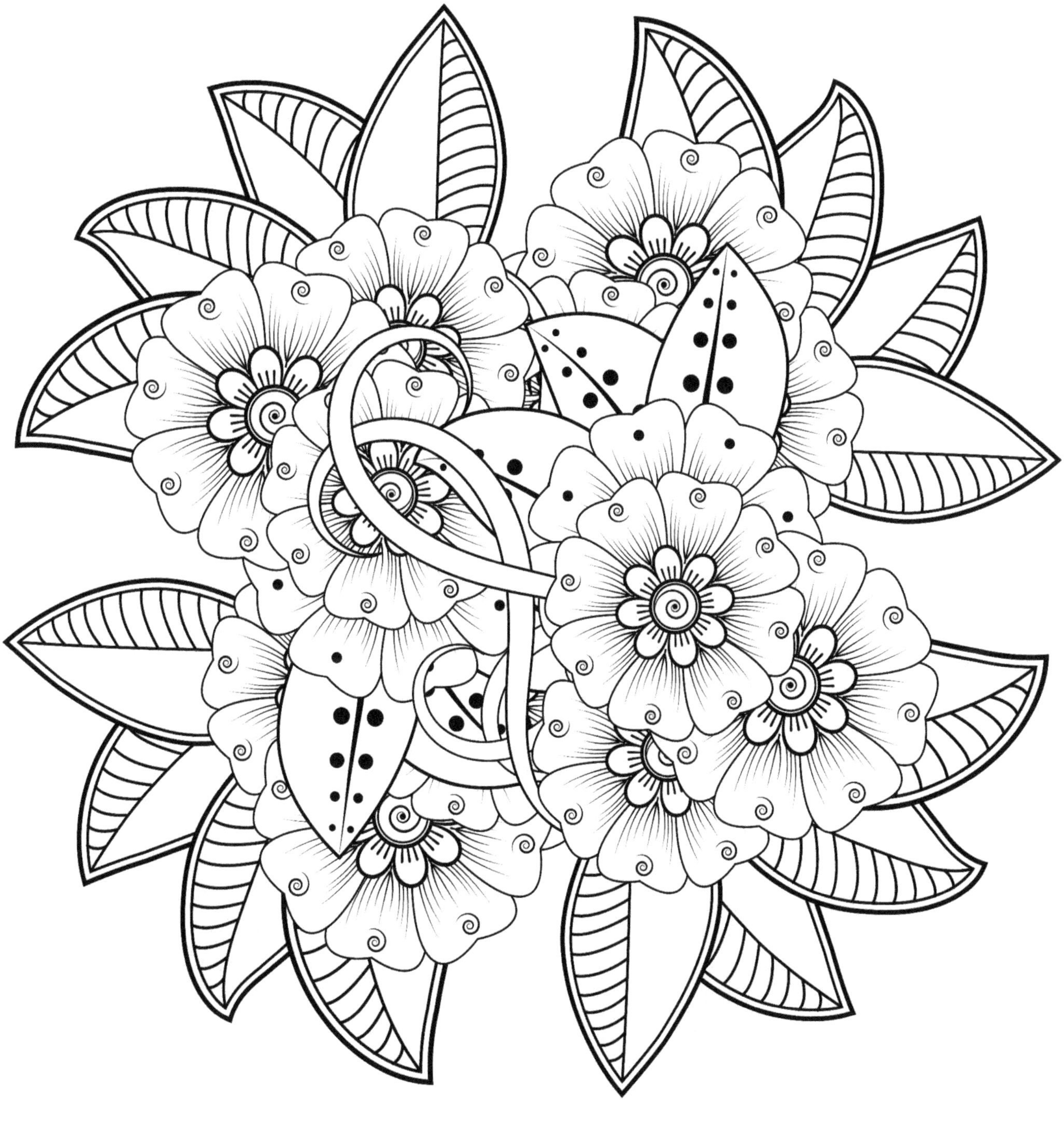

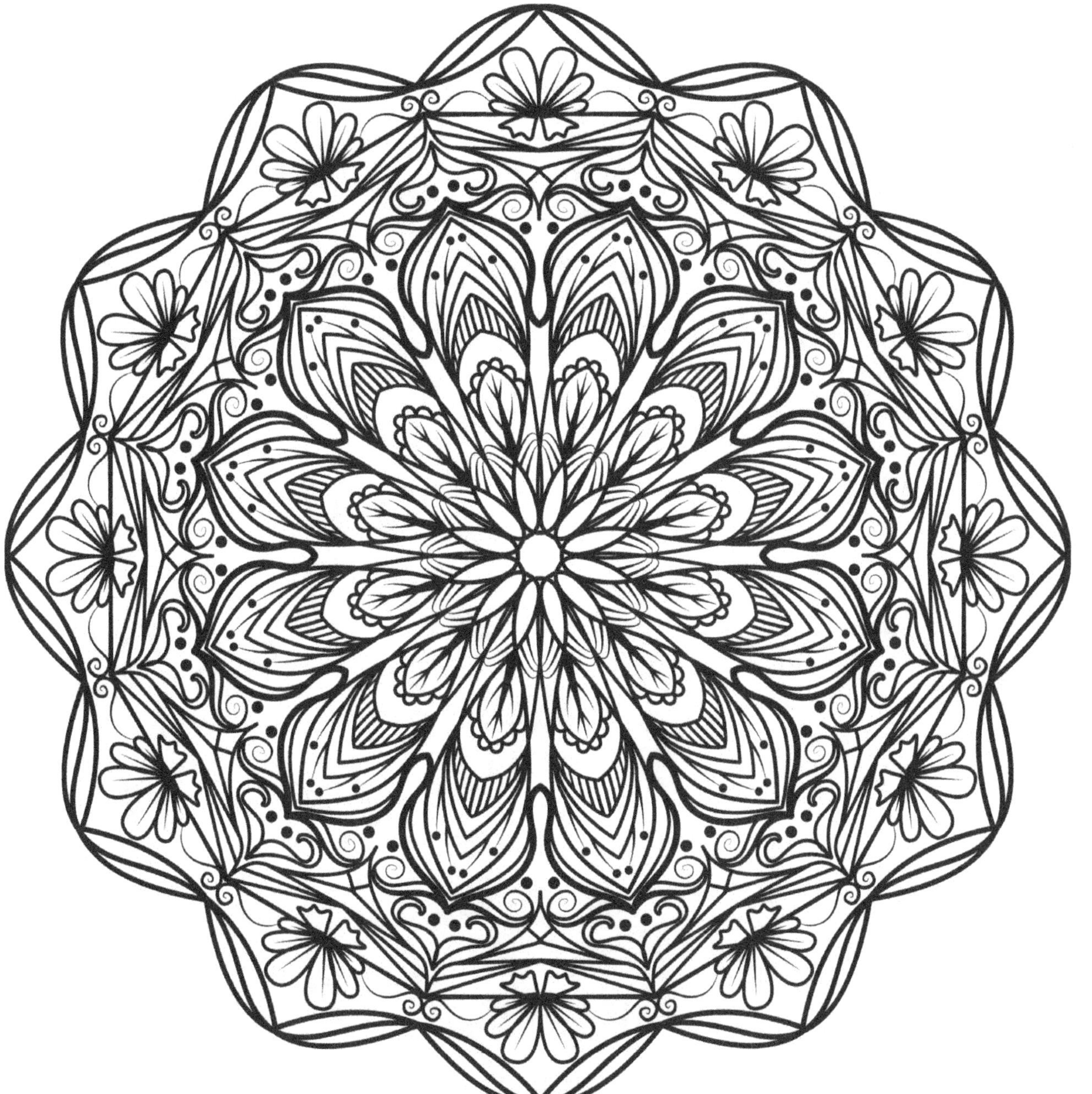

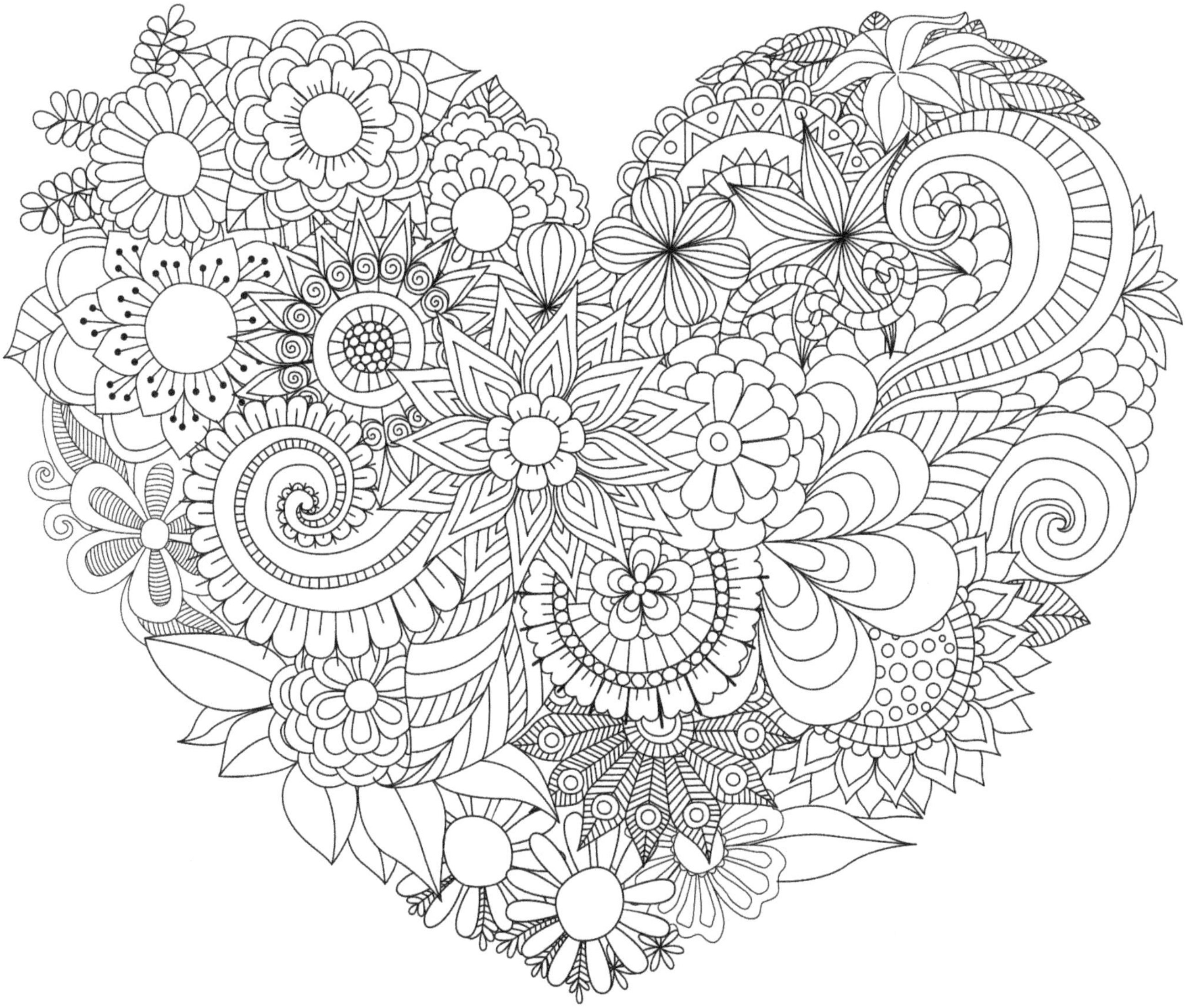

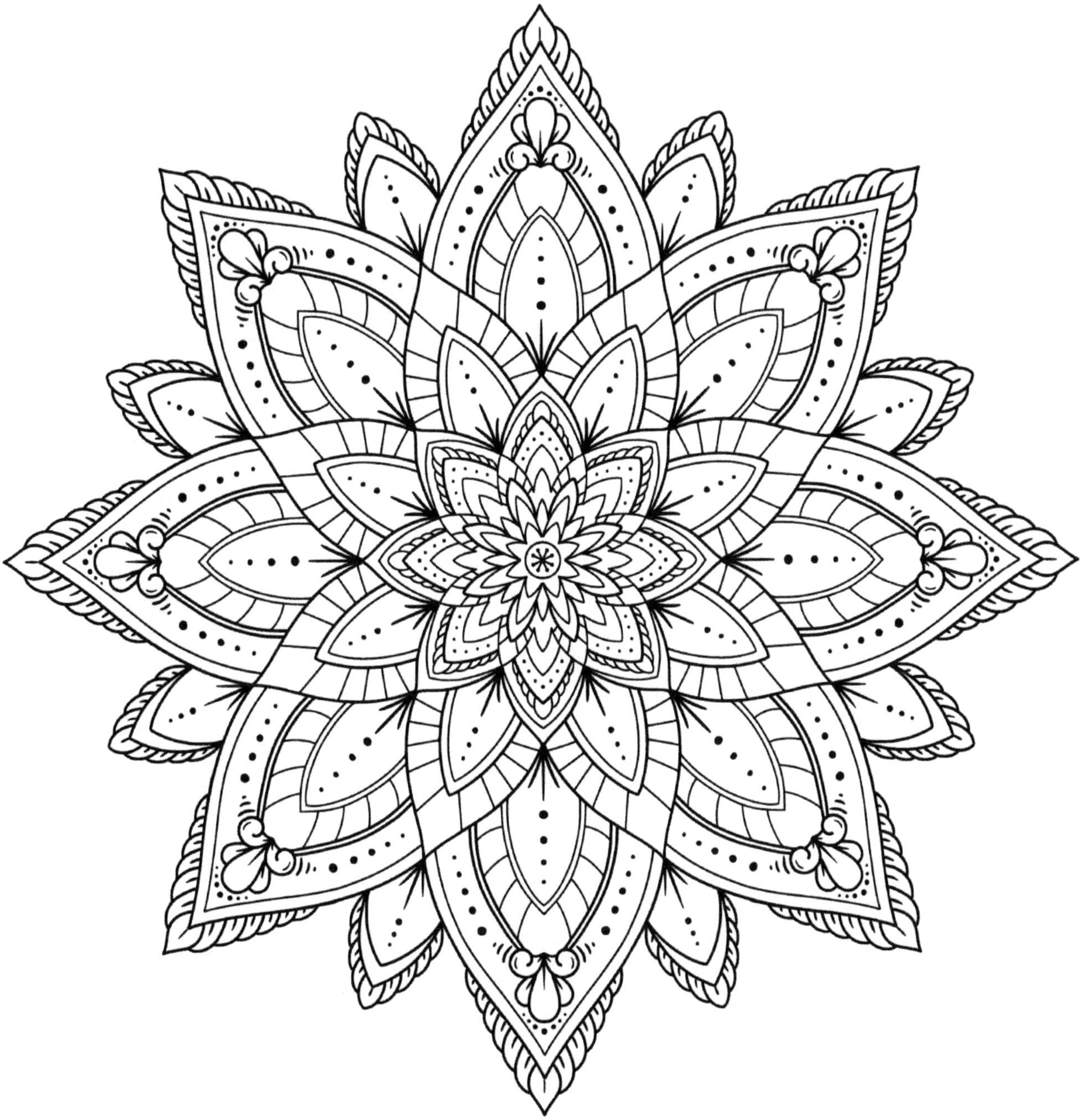

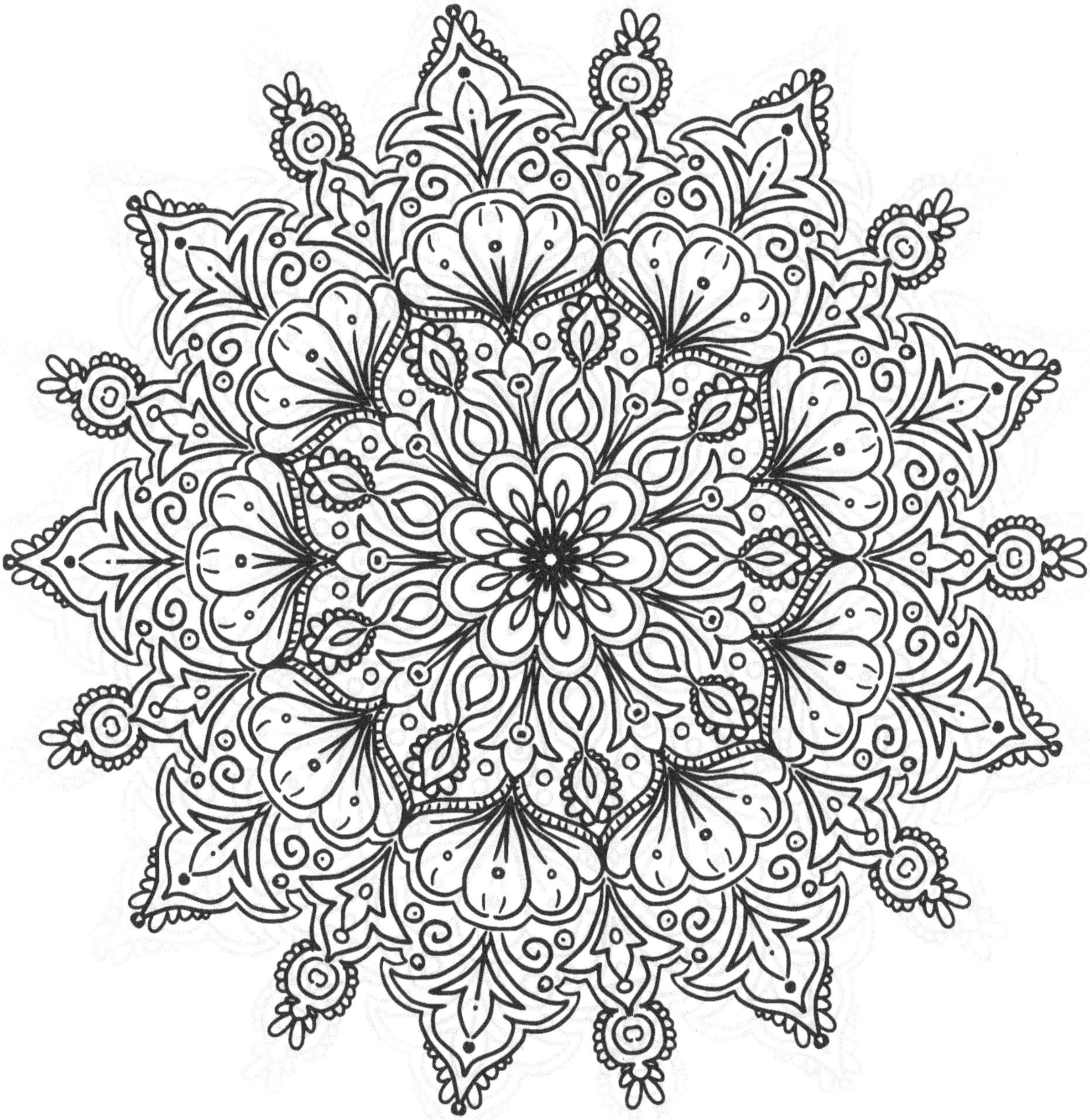

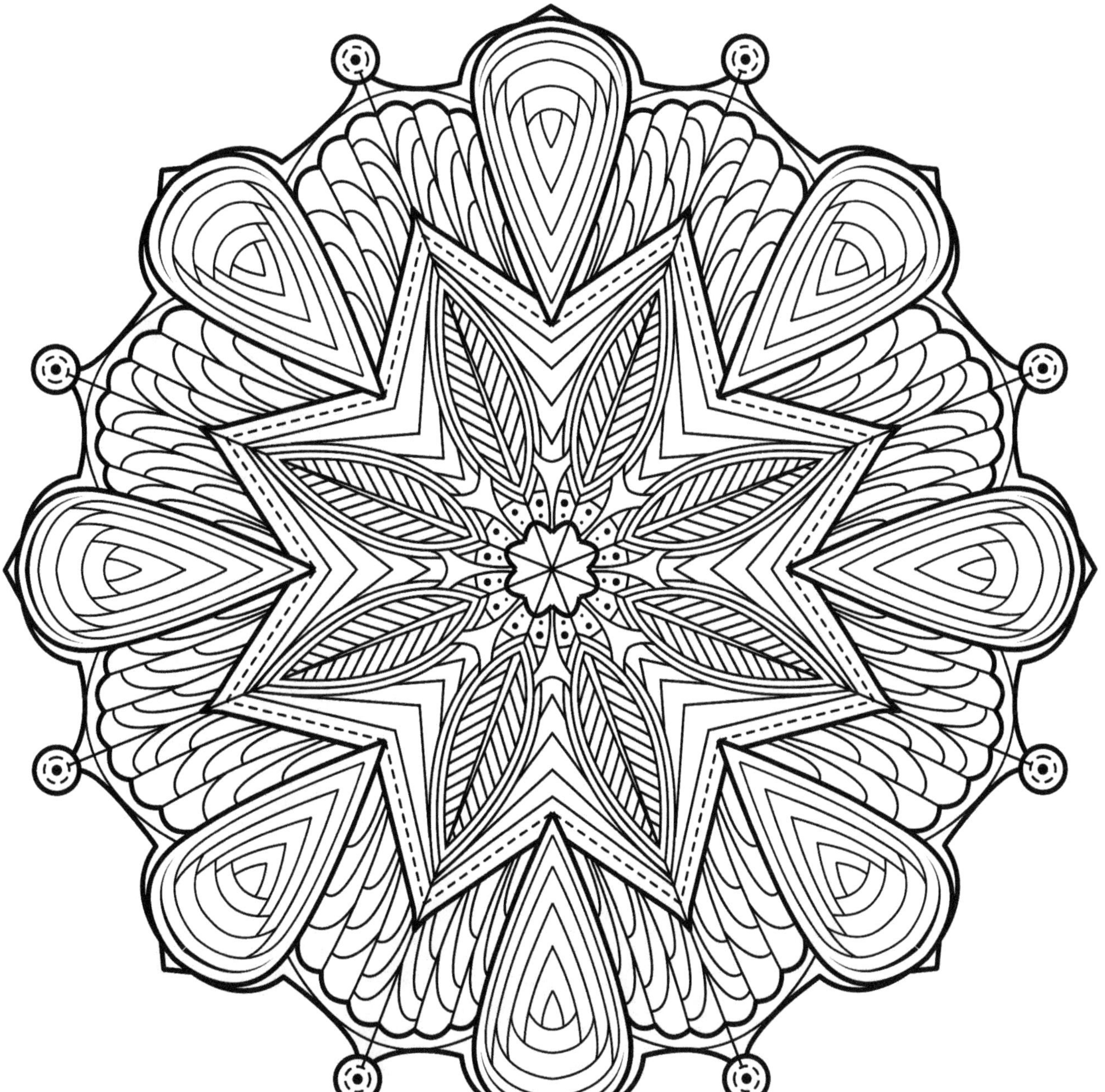

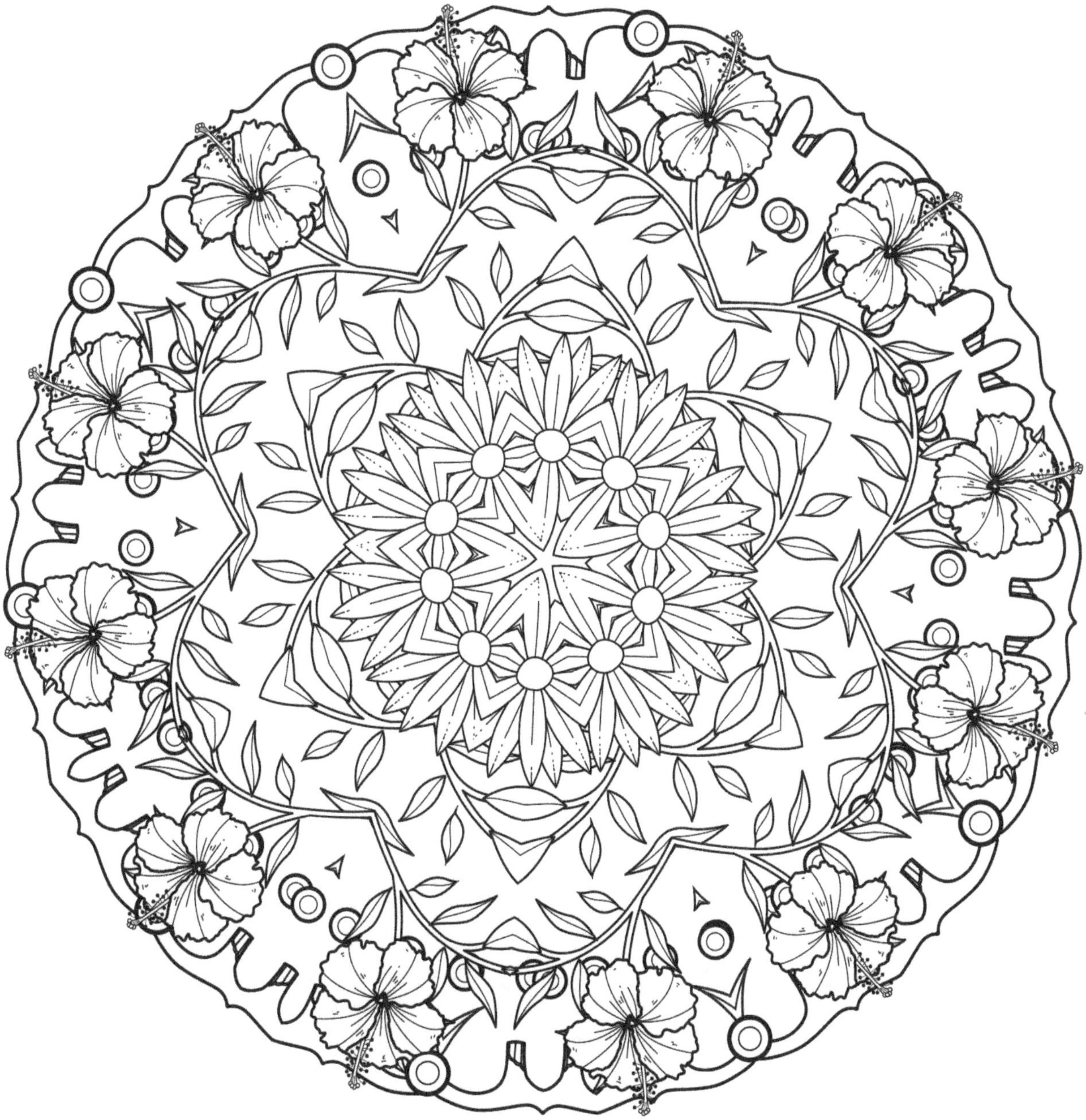

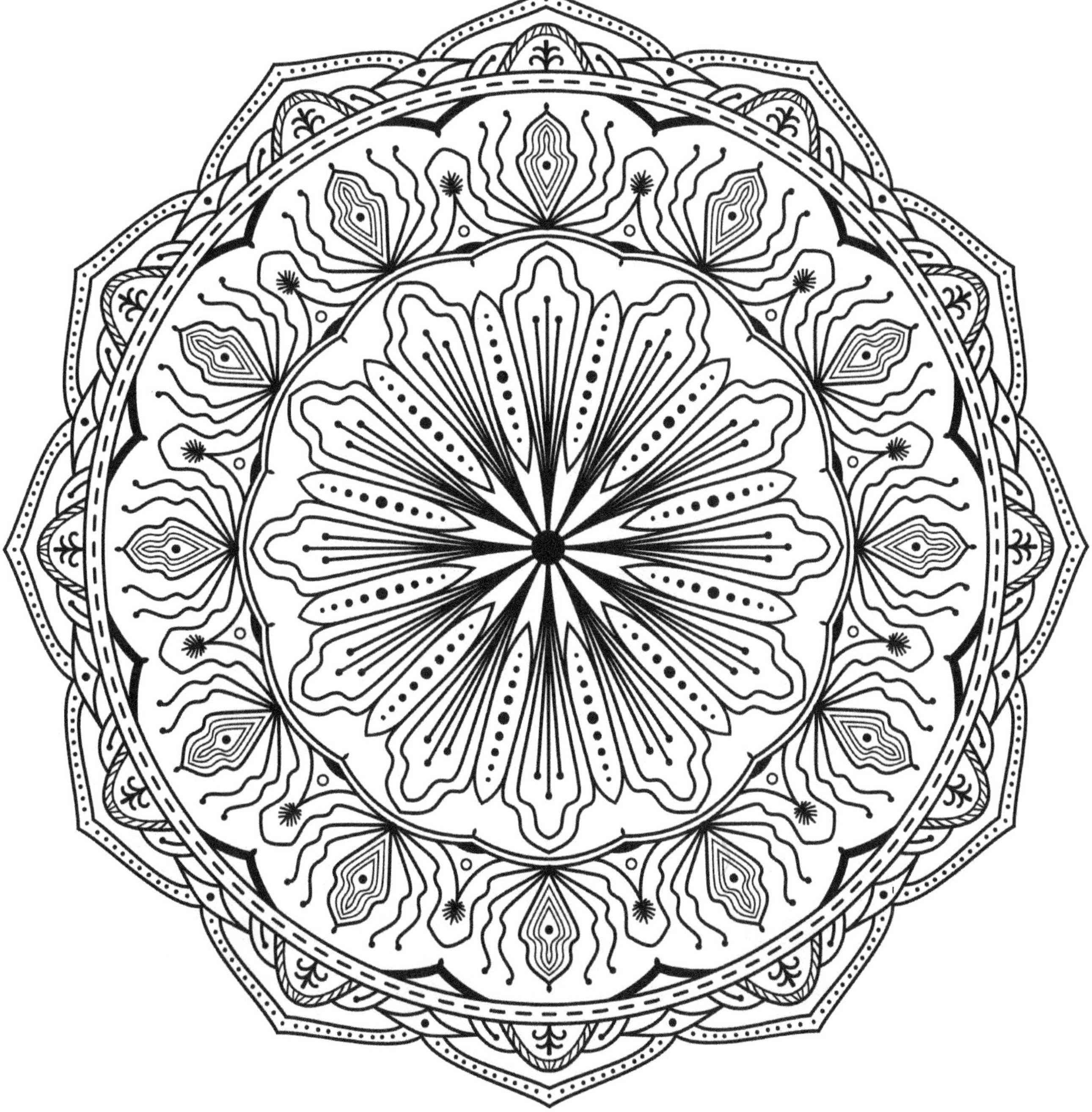

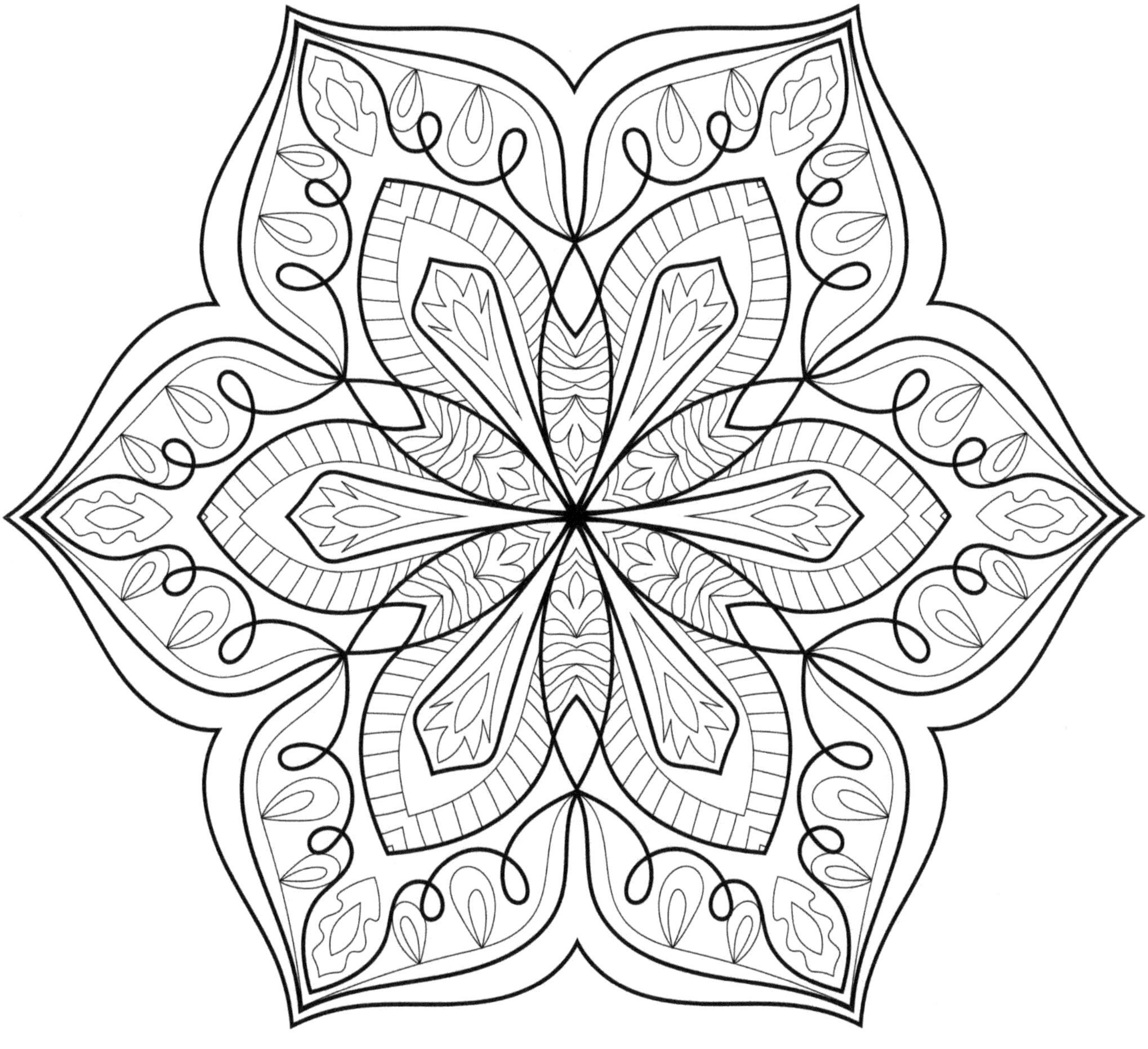

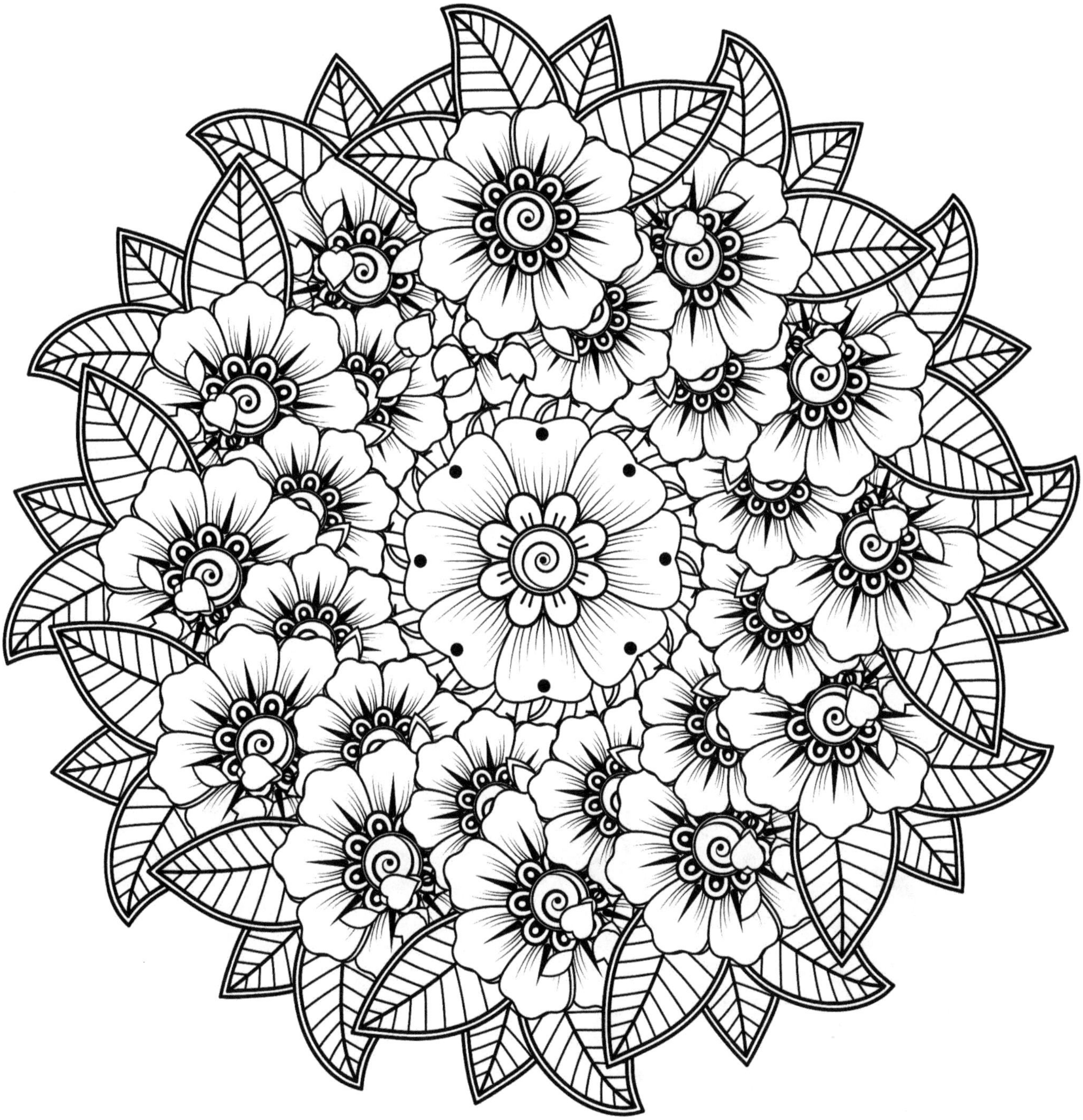

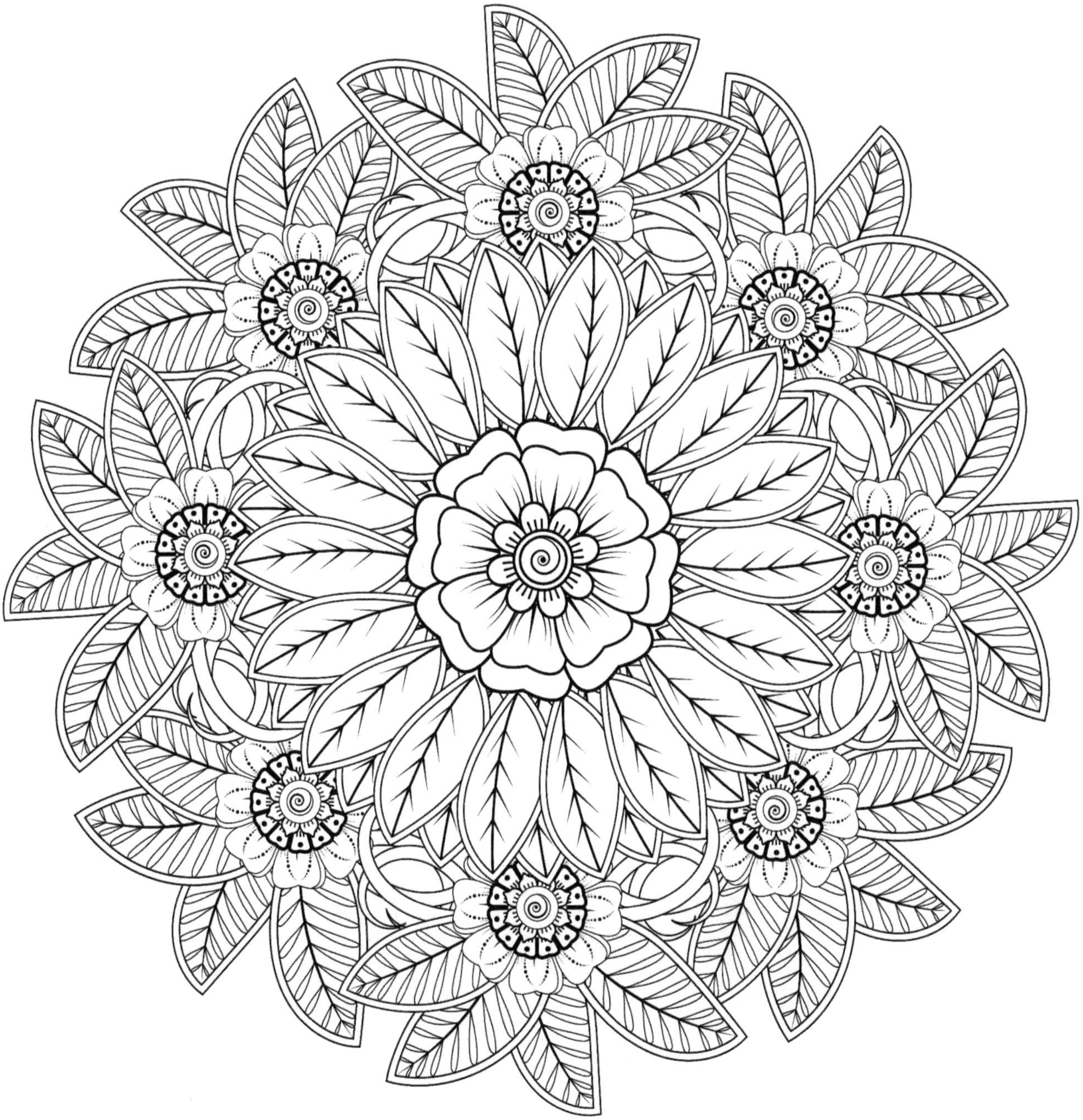

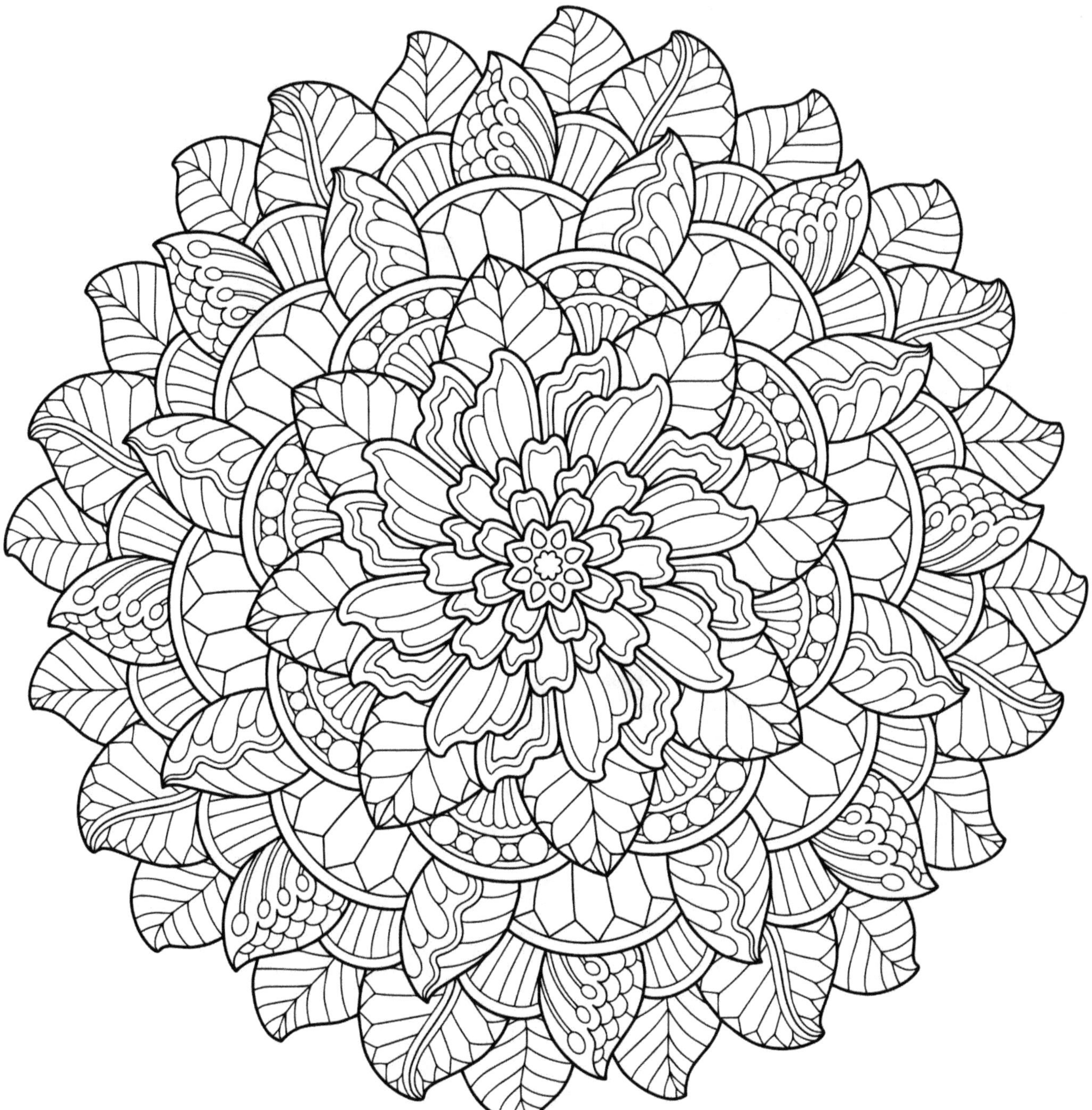

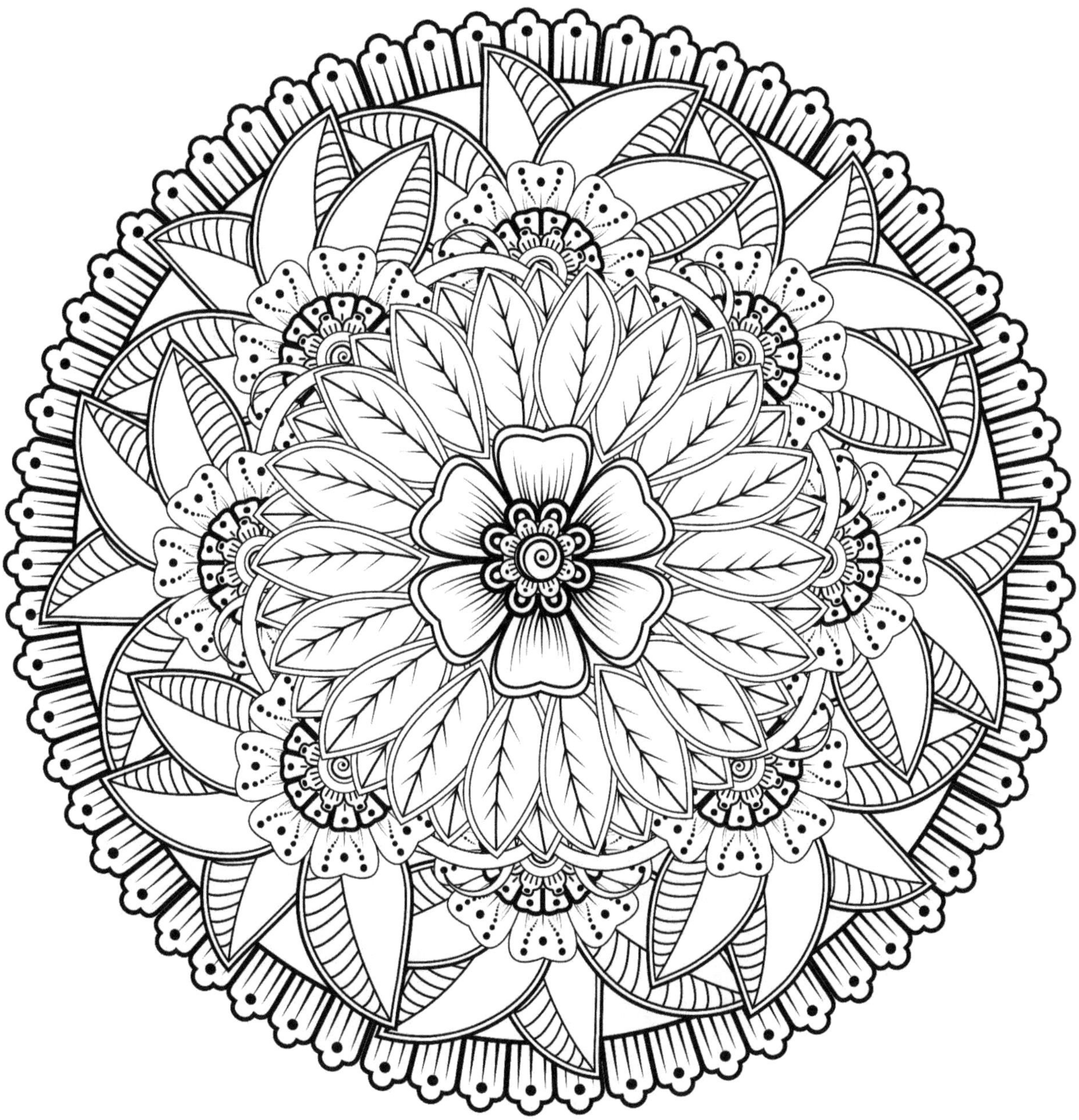

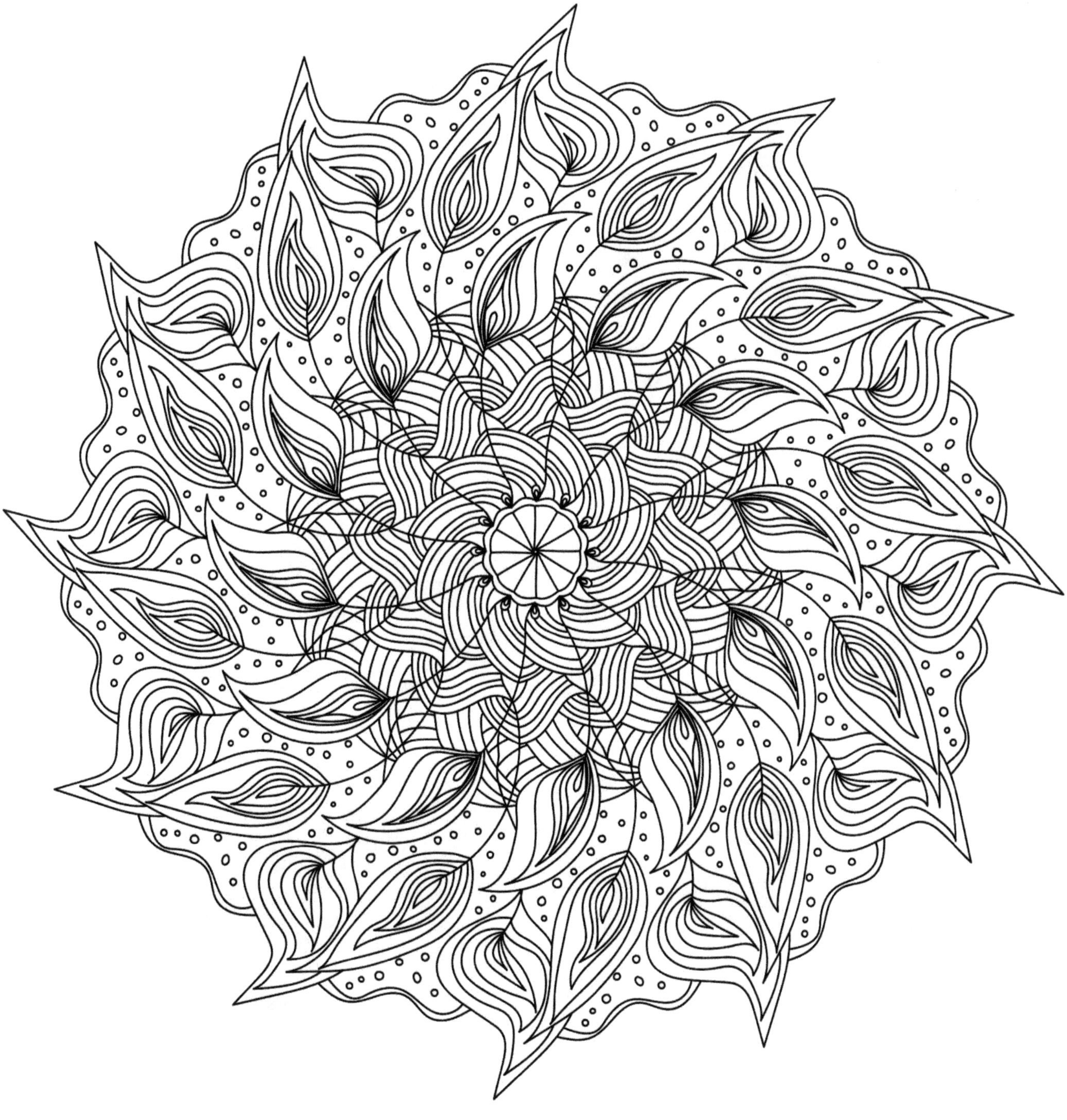

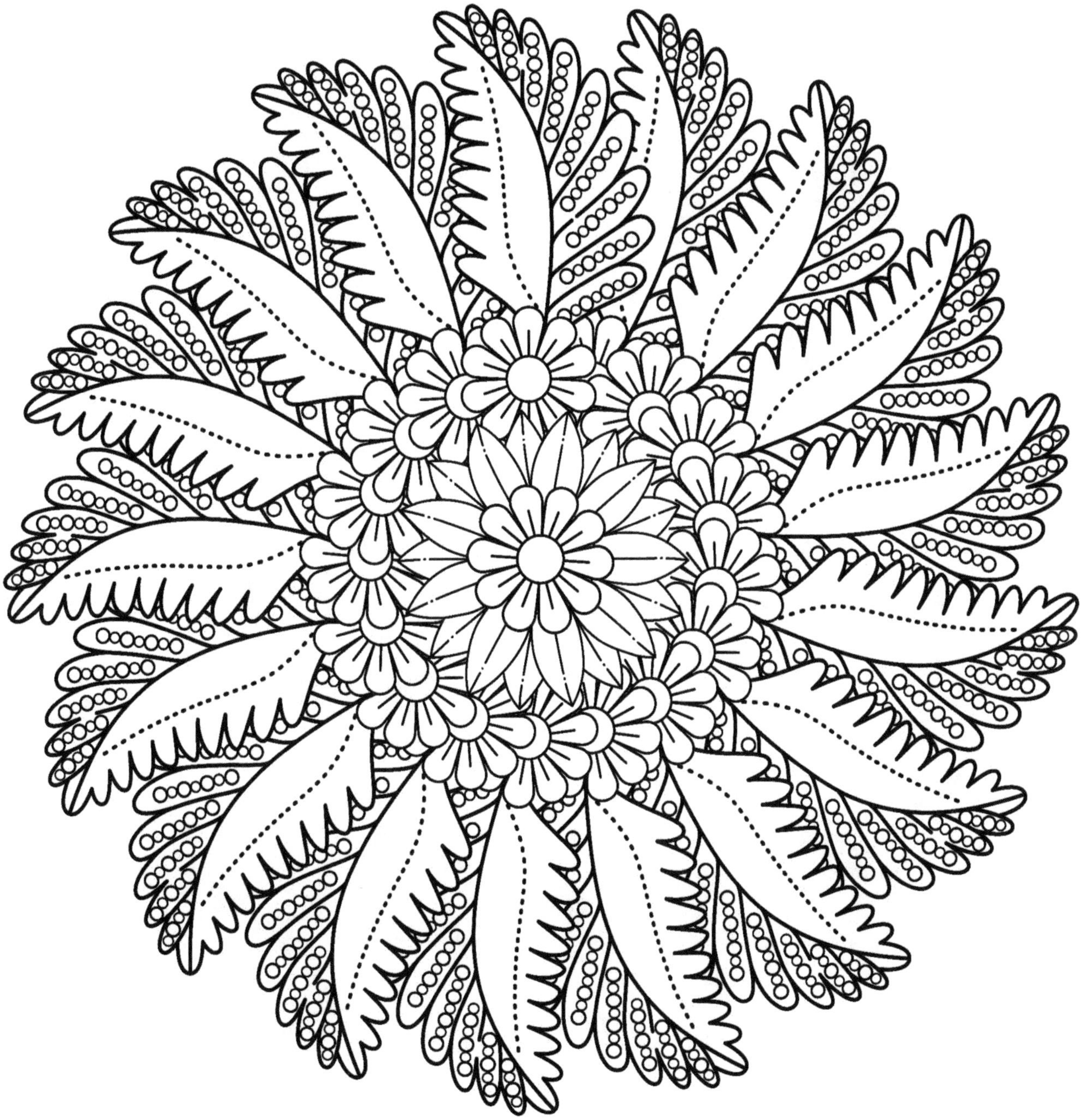

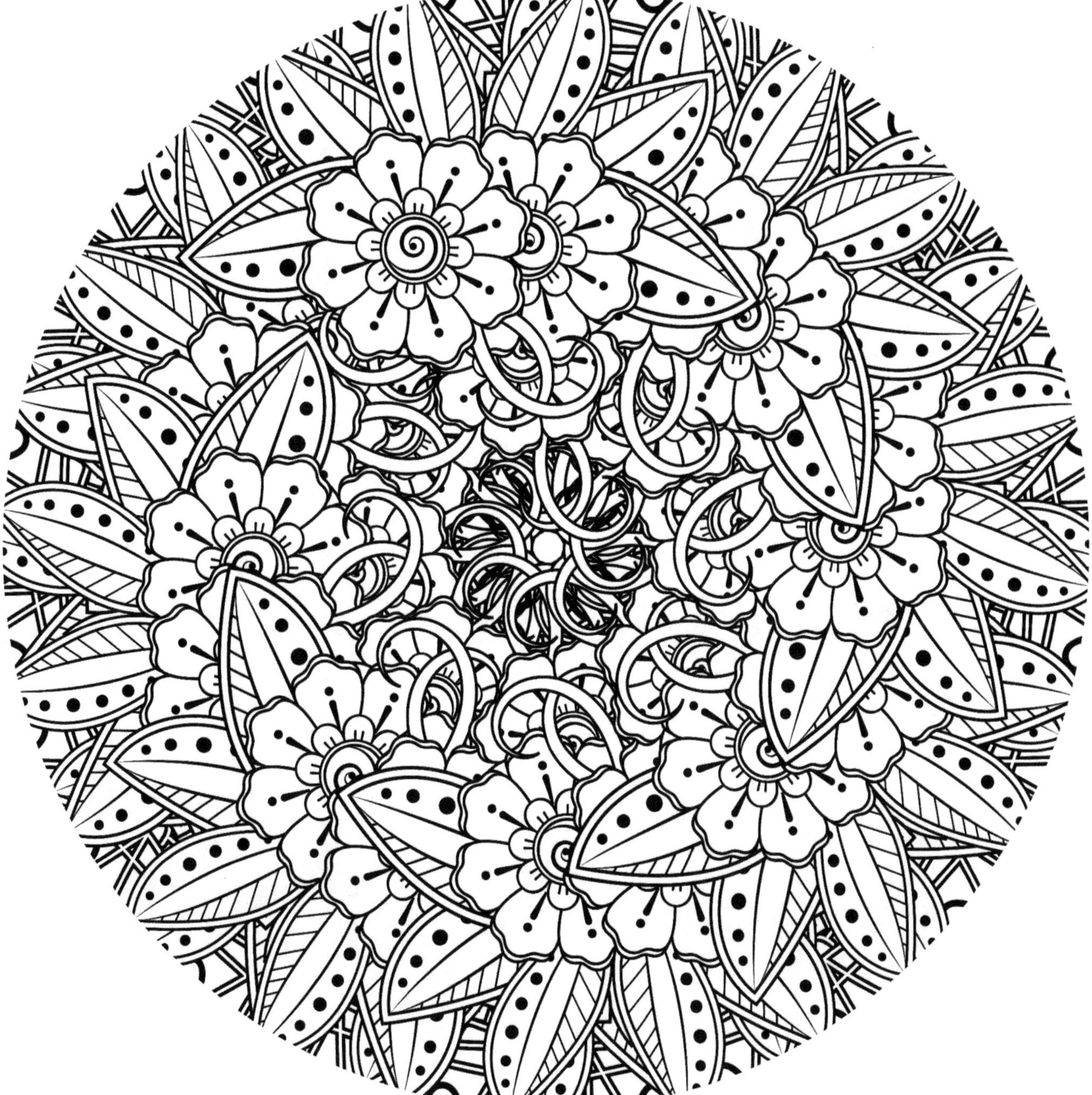

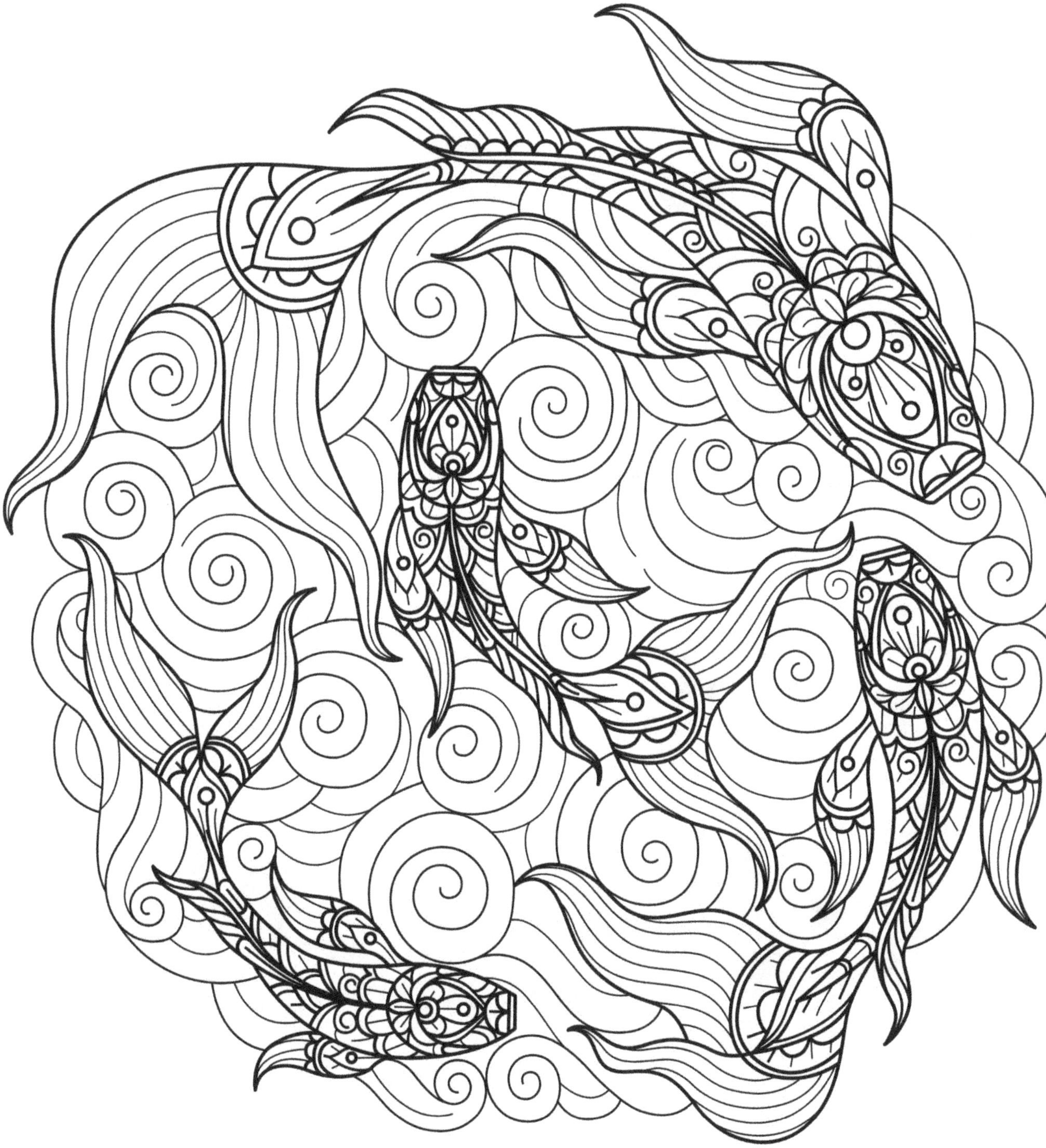

CPSIA information can be obtained
at www.ICGtesting.com
Printed in the USA
LVHW060602190723
752481LV00006B/120

9 798211 152298